JOIAS DO RIO

CONSELHO EDITORIAL

Ana Paula Torres Megiani
Eunice Ostrensky
Haroldo Ceravolo Sereza
Joana Monteleone
Maria Luiza Ferreira de Oliveira
Ruy Braga

JOIAS DO RIO

R. Saturnino Braga

alameda

Copyright © 2018 R. Saturnino Braga

Grafia atualizada segundo o Acordo Ortográfico da Língua Portuguesa de 1990, que entrou em vigor no Brasil em 2009.

Edição: Haroldo Ceravolo Sereza
Editora assistente: Danielly de Jesus Teles
Assistente acadêmica: Bruna Marques
Projeto gráfico e diagramação: Mari Ra Chacon
Capa: Danielly de Jesus Teles
Revisão: Alexandra Colontini
Imagem da capa: Fotografia de Marc Ferrez. Homem olhando a paisagem. Praia de Botafogo. Morro do Corcovado ao fundo, 1890.

CIP-BRASIL. CATALOGAÇÃO NA PUBLICAÇÃO
SINDICATO NACIONAL DOS EDITORES DE LIVROS, RJ

B795j

Braga, R. Saturnino
JOIAS DO RIO / R. SATURNINO BRAGA. - 1. ED. - SÃO PAULO : ALAMEDA, 2018.

Inclui bibliografia
ISBN: 978-85-7939-571-0

1. Rio de Janeiro (RJ) - História. I. Título.

18-52172   CDD: 981.53
                             CDU: 94(815.3)

Editora filiada à Liga Brasileira de Editoras (LIBRE) e
à Aliança Internacional dos Editores Independentes (AIEI)

ALAMEDA CASA EDITORIAL
Rua Treze de Maio, 353 – Bela Vista
CEP: 01327-000 – São Paulo – SP
Tel.: (11) 3012-2403
www.alamedaeditorial.com.br

Apresentação

9

Copacabana

19

A Praça Mauá

41

A Lagoa Rodrigo de Freitas

51

Jardim Botânico

63

O Bairro da Urca

73

Museu Ferroviário

83

Os morros primordiais

93

As praças da minha vida

103

Floresta da Tijuca

113

Museu e Parque da Cidade

121

O Parque do Flamengo

131

Parque de Madureira

139

Quinta da Boa Vista

145

Os morros monumentais

155

Em memória de
Nicolas Durand de Villegagnon
O primeiro encanto com a beleza

Apresentação

Marc Ferrez. *Rua das Laranjeiras,* c. 1887

Vivo no Rio e penso no Rio, claro. Olho, me encanto, respiro e penso:
Rio, meu querido Rio de Janeiro,
Fevereiro e Março – é assim mesmo como cantou o Gil
Calorosamente.
Quero te pôr na pauta das lembranças benfazejas
Do mundo.
E invoco toda uma cascata de razões.

Se disponho de mais tempo, por exemplo, na varanda pela manhã, se penso no Rio com mais vagar, acabo por ingressar num espaço-tempo metafísico, das coisas abençoadas capazes de resistir a toda sorte de maus tratos. Sei que me afasto muito das pautas de pensamento do nosso mundo, mas... é assim mesmo, vai e volta.

JOIAS DO RIO

A temática do pensamento da humanidade hoje está praticamente unificada, globalizada. Evidentemente, ela muda; vai se enrolando e mudando muito devagar, a gente envelhecendo em outro ritmo vai acompanhando sem se dar conta. Agora, porém, neste momento especial em que vivemos, muda em todo o mundo com velocidade nunca dantes suportada e, frequentemente, faz de nós navegadores mareados, desorientados, isso a gente percebe.

E, neste tumulto de chamadas e convocações, não há mais, hoje, na cabeça de ninguém, no tempo que sobra do trabalho, da televisão e do celular, não há mais questão metafísica nenhuma. Nada. Alguns ainda pensam em Deus de vez em quando, assim com certo automatismo que nem gera indagações. Nem de longe aquelas preocupações salvacionistas terríveis de um passado antigo que durou mais de mil anos.

Não tenho nada a julgar e dizer sobre o fato, se é bom, se não é. Simplesmente é. Vou à missa aos domingos porque gosto de Jesus e como aquele pão sacralizado em memória dele. Nem penso em salvação.

Fala-se de um materialismo excessivo, mas eu prefiro me calar; não por política, mas comigo mesmo; prezo muito a ciência e conheço bem a gravidade do saudosismo nos nossos julgamentos; lembro bem da minha primeira comunhão, toda branquinha, na roupinha, no livrinho, no meu coraçãozinho; lembro da missa aos domingos como obrigação, do dever da comunhão na Páscoa, ainda em jejum, depois da confissão tão ingênua.

Antanhos.

Quando Nietzche proclamou a morte de Deus ainda havia algum questionamento nesta área; houve certa indignação e cresceu, por isso mesmo, sua importância como filósofo-vate insuperável.

Hoje, não mais. O homem assumiu por inteiro o seu destino; e explicitou o seu desígnio: a extensão da vida até a imortalidade. Se for preciso, a humanidade mudará de planeta, já existe este projeto-disparate. Eu, fico e morro afogado no Rio.

Laemmert & C. *Portão do Passeio Público*, c. 1885

Mas não há mais revoltados contra Deus e suas injustiças, mas contra o próprio homem feito moeda e ouro, o homem-capital que comanda e oprime a humanidade, faz guerras eficientes e covardes.

E a temática convocatória da razão se materializou então na política, obra eminente do homem.

Líderes religiosos de grande acatamento, como o extraordinário Papa Francisco, o querido Papa Francisco, ou o grande Dalai-Lama, exercem ainda forte influência humanística e filosófica – política por consequência; vedados, entretanto, de explicitá-lo. E o trágico que se soma ao sinistro é que, no momento agora, temerário, faltam líderes verdadeiramente políticos de visão e envergadura que o mundo já teve – eu vi: um Churchill, um De Gaulle, um Roosevelt, um Vargas. Saudosismo, mais uma vez? Olha o perigo: quem sabe? Pepe Mujica, porém, aparece para iluminar o quadro cinzento: impressionou-me profundamente. Sim, profunda e demoradamente. Inacabadamente. Há, sim, a pequenez do Uruguai. Sim, mas há também a reconhecida força moral do Uruguai.

E enquanto Mujica cresce – crescerá sem dúvida – e eu acredito muito também no Lula ao fim de toda esta perseguição – os temas políticos de maior dimensão bagunçam o planeta, abrem espaços enormes para a violência eficaz, e não encontram pelo mundo vozes convincentes, sequer audiências convencíveis: a guerra, a paz, a negociação política, o diálogo, o terrorismo, o fórum mundial, a democracia, a preservação do planeta, a tragédia próxima.

Só o PIB e a bomba atômica nos mísseis convencem.

Fazer o quê?

Bem, pelo menos, cultivar mais cuidadosamente os sentimentos doces, os afetos, no coração e no pensamento, cultivar com propósito, encontrar tempos de enlevo dentro do ranger funesto desta maquinaria que nos tritura, escapar, por minutos que seja, da sua lógica operacional e voltar-se para o lado, olhar ali o ser humano com carinho e buscar um relacionamento de fraternidade. Era a terceira das grandes promessas do século das luzes e ficou esquecida: o empenho da humanidade se esgotou na luta pela liberdade e pela igualdade. De tão difíceis, não mais se menciona, sequer, a fraternidade.

A República do Novo Mundo gerou uma bela sinfonia e uma esperança atmosférica mundial; e inscreveu a luta pela felicidade na sua Constituição. Será possível a felicidade sem a fraternidade? Negócios com fraternidade? Felicidade com racismo? Felicidade com Trump?

Ora.

Felicidade é o sentimento de bem-estar interno com os outros, junto com os outros, no meio dos outros, é a inclusão de todos neste mesmo sentimento. Felicidade é amor cristão pelo mundo a fora.

E o mundo a fora hoje é, completamente, a cidade, a maior criação da humanidade em toda a sua forte história evolucionista; a inspiração do ser humano, o grande centro, espaço e tempo do relacionamento humano, do amor humano e do curso ascendente das ideias. O cuidado com as cidades é um imperativo categórico. Cuidado do dever e cuidado do amor (difícil o dever sem amor). Há, pois, que cultivar o amor pela cidade: excelso, abrangente, histórico, humano.

Banhistas na Praia do Flamengo, c. 1897. Fotógrafo não identificado

    Escrevi sempre sobre o Rio, a minha cidade, o meu berço, o meu encanto. O Rio é português e africano, índio também, um pouco francês, agora muito americanizado. Na origem está a sensibilidade francesa diante do belo, aquela baía larga e límpida cercada de montanhas que deixou os huguenotes sem palavras, só exclamações. Depois de perderem a batalha, ficou no fundo da alma a cultura francesa, por muito tempo, nas pobres elites; reavivada pelo Regente com a Missão Francesa que trouxe as artes; mais tempo ainda, até na urbanização do Centro já nos mil e novecentos, na Avenida Central, no Teatro Municipal, na Biblioteca e no Museu de Belas Artes, no Obelisco, nos jardins da Praça Paris, os jardins de Glaziou pela cidade: a Paris dos trópicos.

É português, entretanto, o Rio; é português na história e na miscigenação das pessoas, é português na alma, no sentimento. "Como é diferente o amor em Portugal..." Na alma é também africano, no jeito, na ginga, no samba, no melífluo do sexo brasileiro.

Esforcei-me por falar bastante sobre o Rio em toda a minha vida. Por amor. Falar sobre a gente do Rio, a história, a filosofia do Rio, a geografia do Rio. Senti então vontade de falar sobre as feições mais ricas do Rio, as belezas especiais, as joias do Rio. As joias do meu coração.

Escolhi treze, que é o meu número. Afastei, empurrei as outras que são muitas; conheço todas, já fiz campanhas, fui síndico. Poderiam ser cento e trinta ou até mil e trezentas, mas acariciei essas treze. Dormi várias noites sobre elas. E um dia acordei com catorze. Rejeitei, rejeitei várias vezes e recontei, queria treze. E eram catorze.

Bem; ei-las.

Copacabana

Augusto Malta. *Praia de Copacabana vista do pátio do Copacabana Palace Hotel*, s/a. Biblioteca Nacional

Copacabana é a inspiração do meu Rio, a joia primeira.

A começar pelo nome evocativo, belo nome de Nossa Senhora que, nas asas da devoção de um povo antigo e laborioso, desceu quatro mil metros, desde um grande lago de águas frias do altiplano boliviano até a praia ensolarada da costa brasileira, naquele trecho em que ela se alinha de leste a oeste com o paralelo 23. A luz do sítio parece que evoca a sonoridade do nome, já que, antes de Copacabana, os Tamoios chamavam toda a região de Sacopenapan.

A memória mais antiga e mais querida, da meninice, é a da mansa rua Tonelero, no número 104, na baixa do morro que vai ao Leme, nossa casa, minha gente, minha vida nascente.

JOIAS DO RIO

O nome, este da rua, vem da batalha em que a marinha brasileira rompeu o cerco do Passo do Tonelero, uma fortificação tida como inexpugnável sobre o Rio Paraná, na guerra contra Rosas, o ditador argentino que pretendia restabelecer, no meio do sec. XIX, o antigo Império do Prata, anexando o Uruguai e o Paraguai.

Depois da rua, o mar, a praia de Copacabana, o primeiro trato com ele no posto seis, eu e meu irmão levados por nossos pais, puxados pelas mãos seguras deles, as mãos de Deus, entrando trêmulos naquela água primeva, do mar imenso, salgado e sereno ali, sem ondas, o mar do posto seis, o fundo cheio de pedrinhas e conchas que incomodavam os pés virgens de sola fina, um medo incerto, um medo ancestral, a imersão fria que subia aos poucos dos pés ao joelho e à barriga, ao peito, a respiração entrecortada de surpresa e medo, numa água movente e fria como viva, a afoiteza acorçoada em insistência pelos pais, fontes de toda a confiança do menino, lá vai, o primeiro mergulho, a ardência da água salgada nos olhos, as duas mãos passando pelo rosto arregalado, a respiração assustada, olhos bem abertos, o segundo mergulho e, três minutos depois, dois talvez, o gozo de um encontro com a vida primeira, uma nova nascença, a fruição, o deleite, logo a alegria, a alegria infantil, pura, a vida se movendo contente naquela água lustral, do mar onde tudo começou há bilênios, ali, naquele momento, os bilênios da vida inconscientemente rememorados em cada célula do corpo menino, que alegria envolvente, ancestral.

O começo, amparado, no posto seis. Depois, a insegurança diante dos meninos maiores da turma do irmão, no posto três, aos poucos, o crescimento e o domínio, as aulas de natação na piscina do Copacabana

Palace, determinantes, a técnica superior que dá entono, e afinal o mar é nosso, um fundamento de vida na zona sul do Rio.

    Tudo isso muito antes do encontro com Eliana, era no tempo ainda do Cláudio, meu irmão, de Pedro e Raul, os amigos vizinhos. Eliana, a outra metade da vida, não foi de Copacabana, sua afeição era toda do Leblon, bairro da sua infância, areal de muito poucas casas quando seu pai engenheiro sério e educador do SENAI, Dr. Lycério, recém-chegado comprou o terreno quase na beira da praia e construiu a casa, na rua

Praia de Copacabana, década de 1890. Arquivo Nacional. Fundo Fotografias Avulsas.

Almirante Pereira Guimarães 16, sede do nosso namoro e do nosso primeiro amor, outro fundamento.

    Volto e repito por importante, começou no posto seis, da Nossa Senhora, do Forte Copacabana, do Cassino Atlântico, do mar sem ondas, dos arrastões, dos barcos na areia, da Casta Suzana, dos Marimbás, símbolos meus, começou ali o contato vivificante com o mar. Fixou-se aquém, no posto três, o da nossa casa, em frente à República do Peru, a do Edifício Apa onde a moça se atirou pela varanda alta, o encontro de todo dia, a

Marc Ferrez, *Copacabana*, c. 1895.

turma, as garotas, a primeira visão das carnes femininas, jacaré nas ondas, com ou sem prancha, o domínio do mar, a nadada até o barco dos salva-vidas, além da arrebentação, o medo das arraias, raramente dos cações, os banhistas profissionais viam longe e avisavam, o embrulho horrível nos calhaus que acontecia às vezes, ou senão a vista tranquila do céu, boiando sem tempo em acalento leve, só respirando, na calmaria além da barca. A vida, toda ali, una e bela, sentindo e gozando o seu meio primordial.

Copacabana, a joia principal do Rio, a princesinha do mar da canção para sempre de João de Barro e Alberto Ribeiro, vou falar. E o início seria no Leme, no Posto Zero, mas não é, na verdade é no Posto Seis e a gente percorre a curva suave de trás para a frente. Porque é ali que começou tudo: na elevação onde hoje está o Forte foi construída uma igrejinha, e nela entronizada a imagem de Nossa Senhora de Copacabana, oferecida de coração aberto pelos devotos incas bolivianos, em sinal de amizade piedosa. Não havia mais nada além do vento, do sol e do mar, das in-tempéries, a santa lá sozinha, com olhinhos bem bolivianos, adaptando-se às novas condições da oxigenação vinda do mar. A imagem hoje está na igreja que leva o seu nome, na praça Serzedelo Correa, centro do bairro...

Só bem depois veio o Forte Copacabana, cheio de História, os canhões potentes, modernos, precisos, na revolta do Forte em 22, quando bombardearam o quartel general no Centro, as grandes balas silvavam por cima da casa do meu avô na rua Barroso (Siqueira Campos). Hoje é museu, belo, interessante, de vista magnífica para todos os lados do oceano, a Praia do Diabo, a ponta do Arpoador, os Dois Irmãos, a ponta do Leme, o Pão de Açúcar.

JOIAS DO RIO

Há um descortino histórico no alto daquele promontório: dali saíram os 18 heróis no dia 5 de julho de 1922, Siqueira Campos na frente, para morrerem pela causa da Revolução Brasileira. Foi o primeiro gesto efetivo para derrubar a República Velha, que não era uma república, mas um arremedo disforme, um conluio de poder absoluto de chefetes locais em cada Estado. Oito anos depois, a partir daquele gesto do Forte, o verdadeiro projeto brasileiro começou a ser implantado, não ainda democrático, mas republicano, com uma ditadura positivista que criou a administração pública, os concursos públicos, o voto secreto, os institutos das atividades econômicas, os ministérios da educação e do trabalho, a legislação trabalhista, o espírito da "coisa pública".

Mas ali também, no Posto Seis, criou-se um ponto importante da vida social do Rio: o grande Cassino Atlântico, onde cantou Jean Sablon, *J'attendrai*, Pedro Vargas, *Bessa-me mucho*, shows com jantar chique que não eram caros porque a roleta pagava e sobrava, o *bacarat*, o campista, um tempo, uma vontade, eu menino não podia ir, só escutava.

Tinha também os Marimbás, de fama boêmia, libertina, está lá até hoje, sem a fama, mas simpático, fui lá numa festa de aniversário da Sula, alegre e agradável, acho que meu amigo Lucas ainda era vivo e estava lá. Lembranças afetivas.

E tinha as canoas dos pescadores, coloridas, que ficavam ali estacionadas na areia em cima de roletes. Traziam os arrastões de redes cheias de peixes aflitos, saltitantes, cintilantes, a mesma vida, evoluída como a nossa, que nós meninos ajudávamos a puxar para a areia, a excitação de uma arraia grande, às vezes, um filhote de cação, a venda barata no posto dos pescadores, peixe fresco, todo mundo vinha comprar.

Marc Ferrez, *Entrada da baía de Guanabara*, c. 1895.

Começa ali, a Copacabana que eu vivi.

Antes, no tempo de minha avó, quando não tinha o túnel, era um areal de piqueniques vindos de Botafogo, subindo e descendo a ladeira dos Tabajaras. Era um pitangal no meio da areia e de um mato ralo, ela contava. No final dos mil e oitocentos a companhia dos Bondes abriu o túnel que vinha de Botafogo, o velho bairro aristocrático, de casarões como o de Rui Barbosa. E pelo túnel, inaugurado solenemente pelo presidente Floriano Peixoto, entrou o bonde, a máquina moderna, elétrica, abrindo o novo bairro no novo século, descendo a rua Barroso, a primeira, onde ficava a casa grande do meu avô, oh, que lembrança.

Havia um médico conceituado, o Doutor Figueiredo Magalhães, que tinha terras ali e recomendava fortemente o banho naquelas águas curativas. Em 1906, veio a Avenida Atlântica, marejada, ensolarada, saudável,

JOIAS DO RIO

a joia preciosa da cidade. Com as luzes, acendeu-se o colar de pérolas da noite do Rio afamado em fotos pelo mundo; a princesinha do mar pela manhã, a calçada do *footing* pela tarde, das namorações juvenis, cheias de episódios benfazejos, a mais bela praia da cidade, até hoje, sempre. Quiçá, do mundo. Quero sempre escrever sobre essa joia do meu Rio de Janeiro.

Do Posto Seis saem as ruas Francisco Otaviano, o poeta das brancas nuvens, Joaquim Nabuco, o grande abolicionista, e Rainha Elizabeth, a primeira certamente, já que a segunda ainda não era rainha naquele tempo. São as ruas que ligam Copacabana à praia de Ipanema, famosa nos anos sessenta, nunca tão bela quanto a minha joia. No Posto Seis está a estátua simpática de Dorival Caymmi, o grande baiano, ali para sempre acenando e carregando o seu violão, como a lembrar que ali mesmo, no Cassino Atlântico, teve o seu talento definitivamente reconhecido: "O que que a baiana tem..." Carmem Miranda respondia com sua graça insuperável.

Caminhando pela orla fresca marejada, pouco depois está sentado num banco da praia, com sua fleuma mineira e poética, profunda, extremamente sensível, Carlos Drumond de Andrade, pronto a escutar quem lhe quer bem, até se lhe roubarem os óculos, que vandalismo... Tem sempre alguém tirando uma foto sentado no banco ao lado dele.

Depois vem o Posto Cinco, ainda de águas calmas, marcado, porém, na minha alma, pela tragédia do banhista atacado pelo cação que lhe tirou uma perna. Trazido para a areia, ensanguentado e agonizante, não resistiu, eu não quis ver, fugi do horror e nunca mais me esqueci. Nunca mais entrei naquelas águas, passava sem olhar o mar naquele ponto, que ficou pra mim como um sítio de desgraça, pontual naquela praia tão feliz. Hoje ergue-se ali um edifício pós-moderno, de gosto ainda incerto, completamente destoante da vizinhança, à espera da conclusão para um julgamento assisado. Para lá será transladado o importante Museu da Imagem e do Som. Há uma feira de artesanato entre as duas pistas da avenida, muito concorrida, que eu evito ainda por causa do jovem comido pelo cação, uma emanação qualquer persiste desde aqueles tempos velhos. Aliás, por ali há sempre um mau cheiro da CEDAE.

Ali morou Leonel Brizola, um pouco mais à frente, na esquina de Miguel Lemos. Acreditava com certeza que o SNI alugava o apartamento do hotel do outro lado da esquina, aparelhado para espioná-lo. Não duvido. Tenho lembranças, políticas e não políticas: Jacques Cousteau, depois do jantar, de camisa azul abrindo os braços em frente à janela ampla e respirando fundo, a dizer: "O oxigênio veio e vem do mar".

Duas esquinas depois, já no quatro e meio, a rua Bolivar, a esquina onde morava Darcy Ribeiro, intelectual reconhecido de grandes méritos, ser humano entretanto arestoso para a política, tinha que perder a eleição. Naquele tempo, eu em Brasília, tinha a moradia no Rio na casa de minha mãe, na Domingos Ferreira quase esquina de Constante Ramos. Eram fáceis os encontros dos três na casa do Brizola, com o cafezinho da Dona Cacilda. Quanta lembrança política. Copacabana.

Bem, o quatro e meio e o quatro eram os *points* da minha juventude, a claridade mais intensa da lembrança antiga. Havia o Rian, novo, perto da minha casa, quase toda semana eu ia lá, sempre um filme bom, uma vez encontrei Helena Jobim na sala de espera, minha colega de classe no colégio, tão bonita, sozinha, eu também sozinho, cumprimentamo-nos suavemente de cabeça, não tive coragem de falar com ela, alô, como vai, tudo bem, qualquer besteira, quem sabe poderíamos ter sentado juntos, fiquei mudo e idiota, não me esqueci nunca mais, impregnado pelo fracasso instantâneo.

Era o *footing* mais intenso da zona sul, da Bolivar à Santa Clara, até a Figueiredo, ali estava todo mundo, o nosso mundo, toda tarde a partir das cinco. A arquitetura mudou muito, mas o edifício do Darcy é o mesmo, arredondado na esquina; o velho prédio da Barão de Ipanema ainda está lá, esquadrias finas e altas como era, onde morava o Leão, seu irmão e sua mãe; o da Constante Ramos foi reformado, está bonito, e ocupou o espaço vazio que existia frente à praia, uma espécie de confeitaria aberta que era; a casa de pedras da Santa Clara, finalmente, infelizmente, há pouco foi demolida, último exemplar dos tempos; e entre Santa Clara e Figueiredo surgiu o novo, o Marriot, o luxo do império, onde se hospedou Obama rodeado de helicópteros tocando a Cavalgada das Walquírias.

Garotas, os temas, o palavreado forte dos homens inseguros, recém-formados, as falas sobre futebol, lutas, automóveis, um filme da semana, uma festa de dança, um disco do mês, sapatos, camisas, paletó de veludo cotelê, um episódio do dia, banal que fosse, uma batida de carros, era a comunicação, isto, somente, esta necessidade vital do ser humano e citadino, a dois, a três, às vezes mais, falar mesmo sem dizer nada, comunicar, ligar aquela vitalidade juvenil, juventude pura, temas correntes sem densidade nenhuma, nem mesmo significado, só comunicação, compartilhamento direto ainda sem internet, nada de celular, convivência, cidade, gente, vida, sociedade humana. Copacabana.

A Bolivar era um marco, tinha importância pelo Roxi, o amplo cinema redondo de luzes coloridas, com dois andares sempre cheios. Também pelos restaurantes: a Tratoria, simples, e o Nino, chique, a pizzaria Caravelle, na Domingos Ferreira quase na esquina, em frente ao Bob's, o primeiro do Rio, negócio inicial do grande tenista casado com a linda atriz. Morar na Bolivar dava um certo status.

A Santa Clara era a Santa Clara, o posto quatro, um encontro dos banhistas atletas mais competentes. Ademais, era o ponto de concentração de atividades comerciais do lado de dentro, na Avenida Copacabana, o Cinema

Alberto de Sampaio, *A solidão baldia em Arpoador com Pedra*, c. 1907.

JOIAS DO RIO

Metro, o Mercadinho azul, o amarelo, a Sloper, um comércio de prestígio, o centro do bairro. Que continuava até a Figueiredo Magalhães e, um pouco adiante, até a Galeria Menescal. Antes, existiu ali o cinema Ritz, que acabou.

A Figueiredo Magalhães vinha da praia e terminava na entrada da chácara do Seu Peixoto, um português bem sucedido no comércio que provavelmente havia comprado do próprio médico que nomeou a rua aquele pedaço de Copacabana que hoje é o simpático Bairro Peixoto. As nossas corridas de bicicleta, na Tonelero, iam da Praça Arcoverde até o fim da rua que acabava no morro, depois da Santa Clara. Muitas vezes, quando passávamos mais ao fim da tarde, víamos o próprio Seu Peixoto em mangas de camisa, parado, apoiado no portão da sua chácara, a contemplar o movimento. Simpático, sorria-nos, e nós para ele.

Na Figueiredo com a praia está o Edifício Camões, enorme, uma cidade com população equivalente a alguns municípios do nosso interior, não sei como é administrado. Impossível pensar num síndico que atenda aquela gente toda.

Seguindo, vem a Siqueira Campos, que homenageia o grande revolucionário, e que foi a rua Barroso, a primeira rua do bairro, que descia do túnel e trazia a modernidade do bonde que vinha de Botafogo e do centro da cidade. É o marco do bairro nascente: tem a praça Serzedelo Correia, um economista de ideias avançadas num tempo em que não havia economistas, um brasileiro preocupado com a sangria dos lucros estrangeiros que esvaziava nossa economia. Lá estão tantas lembranças: a igreja de Nossa Senhora de Copacabana, para onde foi trazida a imagem original boliviana, e onde eu me casei, onde fiz a primeira comunhão, onde ia à missa aos domingos, onde cantei emocionado o *Panis Angelicus* nas bodas de prata de meus pais. Ao lado, ficava a Casa do Pobre, onde assisti, menino, peças de teatro com meu irmão Cláudio e nossa babá Vita. Lembro até de ter escutado, pela primeira vez, o nome de Gil Vicente, não sei se cheguei a ver algum dos seus autos.

Tinha o Colégio Pitanga da Dona Maria Luiza, professora de minha mãe, pequeno mas de qualidade, onde fiz vários anos primários e ginasiais, com brilho reconhecido. Tinha a companhia telefônica num dos lados, os Correios de outro, e era a praça onde, anos depois, Eliana levava o Bruno pequeno a brincar e tomar sol. Hoje, na confluência da Siqueira Campos com a Atlântica, está o monumento dos heróis do forte, a estátua que me comove, do soldado no momento em que é ferido de morte e começa a desabar com o seu fuzil.

Naquela esquina deu-se o embate em 1922: as tropas do governo desceram a rua Barroso e os revolucionários esperavam-nas ali, ajoelhados na areia, entrincheirados na calçada, para morrer atirando de fuzis contra metralhadoras. Durou pouco o embate, entretanto: o comandante da tropa não quis saber de trocar muitos tiros e ordenou logo uma carga de baioneta, uma horda em uivos selvagens atravessou a rua correndo e caiu de baioneta calada sobre os dezoito, um massacre. Era para não sobrar ninguém. Mas sobraram dois: um era o chefe, Siqueira Campos, ferido mas, quem sabe, poupado da morte por razões estratégicas. O outro, por milagre mesmo, o tenente Eduardo Gomes, depois Brigadeiro Eduardo Gomes, chefe político da UDN, respeitado, duas vezes candidato derrotado à Presidência da República. O Brigadeiro.

Passo por ali sempre com respeito, olhando aquele soldado caindo, pensando temas humanos da vida e da morte.

Escola de Aviação Naval. *O Graf Zeppelin sobrevoa Copacabana.*
Arquivo da Marinha DPHDM

Os quarteirões seguintes, da Hilário de Gouveia e da Paula Freitas, nunca tiveram significado especial: a beleza somente, a continuidade da beleza do ar, do mar, das ondas, da luz, da areia, da gente, do colorido das barracas, dos vendedores, do esporte praiano, o vôlei, o frescobol, depois a novidade do futevôlei, os quiosques modernos, a vibração da vida, da vida humana que tem, ali, de uma ponta a outra, o maior e mais belo espaço de lazer de toda a cidade. Que atravessou os diferentes tempos dos meus anos mil e novecentos e entrou no vinte e um mais saudável, ousado e vigoroso do que nunca.

Os anos sessenta foram um tempo de virada marcante, pelas obras de duplicação da pista e de alargamento do espaço de areia da praia. Teve outra dimensão, também, esta virada, mais importante: a chegada do povo. O povo mais simples dos subúrbios não vinha à praia, que era gratuita, mas era da elite da zona sul. O povo tinha vergonha. Mesmo a elite tijucana tinha vergonha da sua pele branquela e do seu medo do mar. Até que o espírito da democratização foi avançando, nos cinquenta e nos sessenta, cresceu a alma do povão e ele acabou invadindo a praia, com uma preferência clara por Copacabana. A *jeunesse doré* chamou-a de *Bangu sur mer*, e mudou-se para Ipanema.

Mas deixem-me continuar a minha caminhada, Copacabana continuou mais bela. A República do Peru tinha presença: vinha desde lá do morro, tinha a casa do Seu Isnard, enorme, na esquina da Tonelero. Do outro lado, a casa dos alemães, cinzenta, sem graça, a única de pé até hoje, muito degradada, acho que começa a ser demolida. Tinha as casas de vários amigos da turma que se juntava na rua Tonelero e na praia; tinha o edifício APA, hoje hotel, onde uma jovem se atirou do sétimo andar; claro que eu passei longe, não queria ver aquele horror. Tinha o Pedro Álvares Cabral, já no quarteirão da praia, o colégio estadual do ensino fundamental II, o ginasial como se chamava, que ainda está lá; e tinha, bem na Atlântica, a partir dos sessenta, a escola Cícero Pena, bela e eficiente, elevada na cultura e no prestígio, abrindo espaço no paredão de edifícios que circundou a praia. Maria de Lourdes, do Júlio, foi professora lá e nos atestava a qualidade.

JOIAS DO RIO

Da esquina da Avenida Copacabana sai a rua Inhangá, que vai até a praça triangular do Inhangá, ligada à Tonelero pela antiga Otto Simon, palco da minha infância. Hoje, está lá, de pé, em bronze, irradiando sua inteligência, o grande Nelson Rodrigues, que certamente morava ali por perto.

Bem, voltando à praia, tinha o Bolero, pouco depois da esquina da República do Peru, o atraente, o excitante Bolero, cheio de putas belas que dançavam com a gente sem compromisso, rosto no rosto às vezes deixando beijar. O Bolero foi a gravitação de várias gerações da juventude masculina da zona sul. Professores nossos, alguns mais descontraídos, iam ao Bolero no fim do ano confraternizar com os alunos e beijar as mulheres. O Bolero era o ponto mais importante da praia de Copacabana do meu tempo. Na esquina da rua que ligava minha casa na Tonelero à praia: da energia do sol pela manhã ao magnetismo das putas à noite, assim nossos corpos saudáveis se movimentavam alegremente em vai-vem.

Bem, Copacabana não acabava no Bolero. Tinha o Copacabana Palace logo depois. O majestoso. Tem ainda o Copacabana Palace; terá sempre, a gente acha, este símbolo do bairro, erguido nos primórdios, quando Copacabana era nascente: o amplo, o belo, o claro, o nobre, o chique, o tradicional, o marco fundamental, plantado logo na segunda década do bairro ainda bem vazio, para hospedar os reis da Bélgica numa visita que, não sei por quê, foram alojados em outro lugar.

É o grande monumento de Copacabana, hotel inigualável no estilo e na nobreza, restaurantes que ainda fazem parte da história da cidade, o Bife de Ouro, o cassino, o grill, o teatro, a pérgola, a piscina, onde eu e Claudio aprendemos a nadar com um professor alemão. Eu prendia a respiração e pulava de um trampolim bem alto, onde poucos subiam. Era o ponto de encontro da elite que passava pelo Rio. Um conjunto clássico de belas proporções e tradições, que ainda está lá, sem nenhuma degradação da qualidade, como sítio mais nobre da praia, do bairro e da Cidade. Orgulho meu: bem carioca e bem mundial no destaque e na nobreza. Na porta do hotel está a estátua de Ibrahim Sued, de pé, elegante, em terno e gravata, o colunista que moveu o comportamento da alta sociedade carioca durante décadas do século passado.

Bem, Copacabana não acaba no Hotel.

Depois vem o velho Lido! O velho e belo Lido.

Antes tinha o Hotel Ouro Verde, cujo restaurante era o preferido do General Geisel, muito apreciado por mim também, pela qualidade e pelo capricho, pela gentileza do atendimento. Findou, lamentavelmente, é outro.

O Lido era a principal praça do bairro, antiga, tradicional, alegre, concorrida, famosa; antes da escola havia o grande pavilhão onde ocorriam os bailes de carnaval de toda a minha infância, até a juventude. Todo mundo ia ao Lido, era uma dança de pernas e braços, meninas e meninos, uma sensualidade rara para a época. Era cercado de edifícios de apartamentos dos mais antigos do Rio, nos anos trinta, quando surgiu o encanto pela moradia em apartamentos com porteiro e elevador. Hoje, cercado de grades, envelheceu, tem uma feira de artesanato e perdeu o charme de outrora; como perdeu o Bec Fin, o melhor, o mais sofisticado restaurante do Rio do meu tempo, preferido do inesquecível gourmet da nossa turma, Harry Cole. Mas mantém-se grande, o Lido, pela história, pelo que representou no bairro mais belo da cidade.

JOIAS DO RIO

Mas Copacabana não acaba no Lido. Vem logo a Prado Junior, importante centro de prostituição da Cidade de hoje, já não frequento, que pena, que saudade do Bolero. E depois a larga Avenida Princesa Isabel, com duas pistas, com a estátua da Princesa querida da Abolição num gesto de braços que quer denotar generosidade e grandeza. Na esquina, ao lado dela, ergueu-se o Hotel Meridien, apurado na melhor tradição francesa, com um restaurante imaculado ao alto, onde uma vez jantei com Paulo Brossard, com vinhos escolhidos por ele. Infelizmente foi comprado por uma dessas vulgares cadeias internacionais.

Ali começa o Leme, o simpático subúrbio de Copacabana: ainda a mesma praia, a mesma areia, o mesmo mar, a mesma gente, só que, menorzinho e acolhedor, nunca foi tão efervescente, vibrante e criativo quanto a sua irmã maior.

Tem marcos importantes também, o Leme: a Fiorentina das noites boêmias de muitas décadas, de paredes cobertas de fotografias e assinaturas famosas de artistas e intelectuais que ali fizeram história. Numa das mesas da calçada está sentado Ari Barroso em bronze, o inspirado compositor da Aquarela do Brasil e de tantos outros poemas musicais parece querer explicar o que significa mulato inzoneiro. Radialista mais destacado do tempo maior do nosso rádio, antes da televisão; o mais completo e talentoso comunicador brasileiro do seu tempo, morador do Leme. Há uma rua que sobe com o seu nome.

Quase ao lado, a Cantina Capri, bem italiana, também muito apreciada: ravióli, com vinho Chianti, era sempre o meu pedido. Em tempos mais passados, havia a grande Taberna do Leme, a maior choperia da cidade de então. Grande templo da boemia, não sei por que acabou. Uma vez estive lá, com o querido amigo Raul Neugroschel, nunca esquecido.

Nesses mesmos anos mais antigos, havia o grande Sacha's, de todas as colunas sociais, o pianista elegante, competente e prazenteiro que dava nome à boite preferida das figuras proeminentes da sociedade carioca. Hoje o local se chama Praça Heloneida Studart, homenagem justa à grande jornalista e política que tanto admirei e ainda me toca o coração.

Mais à frente está o Leme Palace, conhecido como o hotel do Arraes, onde sempre se hospedava o grande líder pernambucano quando vinha ao Rio. E depois o antigo mercado baixinho, branquinho, limpinho, hoje mais uma loja do espraiado Zona Sul, destoando completamente do contínuo paredão alto de toda a Atlântica, tal como a Escola Cícero Pena. Finalmente o edifício da Madame Feigel, a grande empreendedora, esposa do cientista. Atrás, no final da Gustavo Sampaio, o Leme Tênis Clube.

E tudo acaba numa praça redonda e simpática que dá acesso ao Forte Duque de Caxias, que não tem a fama e a história do Copacabana, mas tem a beleza acolhedora que recebe estudantes para torneios esportivos e abraça um monte encimado pela bandeira brasileira, sempre bem cuidada e desfraldada ao vento.

É ali, Copacabana.

Cartão postal fotográfico da inauguração da Praça Mauá

A velha Praça Mauá é a mais nova joia do Rio de Janeiro.

Menino, aquela praça era o marco zero da Cidade: chegávamos ao Rio no fim das férias, depois da viagem de Corrêas, de Petrópolis, da descida da serra, no pequeno Ford 36 de meu pai, umas duas horas de viagem, e ainda o longo trecho da Baixada, a igrejinha do Pilar, até chegarmos à avenida do porto, longa, armazéns e armazéns, grandes, numerados, íamos contando a contagem regressiva e cansativa depois de todo aquele percurso e, por fim, à Praça Mauá, pronto, estávamos no Rio!

Entrávamos na cidade pela sua avenida mais bonita, não sei, não vi ela nascer, com seus prédios de cinco andares e seu canteiro central com as luminárias graciosas; avenida mais importante, com certeza, vi já transformada, cortando todo o centro comercial, com o nome já de Rio Branco; que começava ali naquela praça, com aquele edifício monumental de mais de vinte andares, o mais alto da América do Sul, o Edifício da Noite, e ia acabar no Obelisco, o primeiro do Brasil, a trazer os bons augúrios à nossa Paris dos Trópicos, colocado bem na frente do mar, da entrada da baía, ao lado dos jardins da outra praça, ampla, verdejante, francesa, com belos chafarizes iluminados, que levava o nome da capital do mundo, a Praça Paris.

Tudo aquilo era ainda novo naquele tempo, tinha só uns vinte anos, tudo feito na grande reforma Pereira Passos – Rodrigues Alves, na primeira década do novo século, o sec XX, o século do progresso!

Pereira Passos, quando jovem engenheiro, havia trabalhado com Haussmann na grande reforma de Paris, com a abertura dos boulevares. Trinta e poucos anos depois, no Rio, projetou e executou a grande reforma da Capital programada por Rodrigues Alves, o presidente que teve dinheiro, amealhado por Campos Sales.

A praça tinha uma história, pouco conhecida porque pouco significativa. Foi, antes, a Praça da Prainha, ninguém sabe direito como era essa prainha, nunca retratada, não tinha importância, ninguém se banhava no mar, a não ser por recomendação médica, como D.João VI depois de ser mordido por um carrapato virulento.

No meu tempo de menino, este das viagens a Corrêas, era um local de inferninhos, boates de prostituição, boates de marinheiros tatuados sequiosos de mulheres. Eu, já moço, vi alguns deles ainda funcionando; vi de fora, degradados demais para me atrair.

Era a praça do porto. Quem vinha de fora, vinha de navio e desembarcava naquela praça, ali estava a estação marítima de passageiros.

R SATURNINO BRAGA

Chegava na Praça Mauá, via logo a estátua dele, de pé, feita pelo grande Bernardelli, em cima do pedestal, parecia pequena vista de baixo, a figura do grande Barão, Visconde de Mauá, ia logo perguntando e sabendo algo sobre o brasileiro símbolo do empreendedorismo e do progresso; pequeno visto de baixo, mas importante, tal Napoleão na Place Vendôme, Nelson na Trafalgar, Pedro IV, o nosso Pedro I, no Rocio.

Hoje, na praça renovada, sem o desastroso elevado da perimetral construído nos anos sessenta, ele ainda está lá na sua grandeza, imóvel, parecendo maior e ainda mais sobranceiro, como a guardar, com novo ânimo, a sua Praça renovada e embelezada. Não olha para trás, para não ver a decadência do velho Edifício da Noite, dos elevadores mais rápidos da Cidade, dava frio na barriga. Funcionou ali o jornal *A Noite*, sim, mas principalmente, por décadas funcionou naquele prédio a grande Rádio Nacional de Emilinha Borba, das radionovelas, *O direito de Nascer*, que potência e que audiência, a Rádio Nacional demanda um capítulo próprio, foi também uma joia, uma joia do Brasil do seu tempo.

Praça Mauá na década de 1920. Fotógrafo desconhecido

  Olha para frente, o Barão, e vê o Futuro, o novo museu arrojado entrando pelo mar, mostrando-se soberbo aos transatlânticos do mundo inteiro, enormes hotéis flutuantes que giram pelos oceanos e vêm atracar ainda na velha Estação, bem à esquerda de Mauá olhando para o mar.

  Também à esquerda, mas já em terra firme, na praça, o belo e velho edifício renascentista do século XIX, cor de rosa pálida, onde funcionou o Departamento de Portos do Ministério da Viação, onde trabalhou meu

R SATURNINO BRAGA

pai em seu primeiro emprego de engenheiro, dos anos vinte aos trinta e muitos, onde uma vez o visitei durante uma tarde de verão, com minha mãe, ele sem paletó, camisa suada de mangas arregaçadas, sentado em sua mesa cheia de papéis diante de um ventilador. Foi assim que ele escutou no rádio o segundo e definitivo gol do Brasil contra a Tchecoslováquia na Copa de 38, quando lhe rasgaram a camisa de alto a baixo nos abraços de comemoração. Eu escutei o jogo em casa e imaginei a cena quando ele contou. Mais euforia ainda provocou o gol de Perácio num chute de canhão fora da área, o sexto gol do Brasil, no seis a cinco contra a Polônia. A camisa, porém, daquela vez voltou inteira.

Bem, desculpem, volto à praça e ao belo prédio renascentista. E lembro que lá também ocorreu uma tragédia: sim, contada também por meu pai: numa briga por um ventilador, dois jovens engenheiros se atracaram, e um deles saíu de cara bem amassada. No dia seguinte, de cara arroxeada, entrou bem depois da hora, sem dar um olá, um cumprimento, foi direto ao ventilador disputado e, num gesto repentino e decidido, pegou-o com firmeza a o arremessou na cabeça do outro engenheiro, de costas, curvado sobre sua mesa. Resultou numa paralisia quase completa do ferido, aposentado por invalidez em cadeira de rodas, e no sumiço total do agressor, demitido a bem do Serviço Público.

Era no segundo andar esta grande sala de engenheiros jovens, umas seis ou sete mesas, com piso de tábuas que sentiam os passos mais pesados. Lembro que subimos, eu minha mãe e meu irmão, por uma escada de madeira em caracol, não muito larga, que ainda deve estar lá tal como era, envernizada.

JOIAS DO RIO

É realmente muito bonito o prédio, muito ao meu gosto, não me canso de admirá-lo, pois construíram ao seu lado um anexo moderno que milagrosamente não destoou, vejam o perigo, bem aventuradamente se acoplou sem agredir as formas puras do vizinho, que bom, para instalar ali um novo museu, o Museu de Arte do Rio, que ainda não visitei por dentro, mas, os que o viram, elogiaram o acervo.

À direita, no lado oposto da praça, está o novo e também belo edifício chamado RB1, Rio Branco número 1, moderno, empresarial, contrastando, orgulhoso, com o antigo do outro lado. Um elevador panorâmico, modernoso, leva a um restaurante caro, de negócios.

Interessante o giro da esquerda para a direita, como a mostrar os tempos da Cidade: os mil e oitocentos de um lado, os mil e novecentos e pouco, atrás; os mil e novecentos e muito à direita, e os dois mil na frente. Mauá no alto, no centro, no domínio.

Na frente, à direita do Museu do Futuro, sai o novo caminho da Orla do Conde, saudoso Conde, prefeito com o sentido do belo; caminho aberto pela Marinha, ao lado do antigo Ministério, entre ele e o mar, entre ele e a velha Escola Naval, ainda funcionando, bela e garbosa de tradição nas paradas do Rio, o caminho passando por baixo da velha ponte e continuando, ladeando o mar e outros museus navais, a réplica da nau de Cabral, uma casquinha, deve abrir-se à visitação, o tribunal marítimo, até chegar à Praça Quinze, à estação das barcas para Niterói.

Um pouco mais de caminhada e se chega ao velho Albamar, restaurante dos que gostam de peixe, camarão e caipirinha, no alto de uma das velhas torres, a única que sobrou após a demolição do antigo Mercado.

R SATURNINO BRAGA

Restaurante com vista privilegiada para a Baía de Guanabara até Niterói, as barcas saindo e chegando, suas manobras, e o perfil ao longe da bela ponte que liga as duas cidades. De lá também se observam decolagens ou aterrissagens de aviões que passam rentinho ao mar, nos últimos segundos antes de tocarem a cabeceira da pista do Santos Dumont. E, ainda, a vista do famoso castelinho da Ilha Fiscal, onde se realizou, poucos dias antes do golpe da República, o derradeiro e cintilante baile do Império.

A Praça Mauá de antes era um fuliginoso terminal de ônibus, engarrafado de caminhões e automóveis, por baixo e por cima, no elevado, atravessado por transeuntes apressados, sempre correndo do atropelo dos veículos. Era um horroroso ponto poluído e desagradável da Cidade. Evitado. Paulatinamente abandonado, o Edifício da Noite se esvaziou, até a Rádio Nacional acabou saindo, só restando o degradado Departamento de Patentes. E o Rio Branco 1, com seu sofisticado restaurante, olhando para o mar, apartado do resto da Praça, como que a evitando...

Que benfazeja revolução, a Nova Praça dos anos dois mil!

Sem fumaça, nem ônibus nem automóveis, nem em cima nem embaixo, o ar puro da baía franqueado, à vista e ao peito, os novos museus, a nova arquitetura, os novos transeuntes, a passeio, a pé, de bicicleta, patinetes de crianças brincando e cantando, oh, a beleza, a alegria e o aprazimento, bem no Centro do Rio, a fisionomia do Mauá, agradecida, irradiando o seu ânimo renovado: a joia nova da Cidade é sua.

A Lagoa Rodrigo de Freitas

Georges Leuzinger, *Lagoa Rodrigo de Freitas*, c. 1870.

A beleza é importante, claro, faz bem à saúde, os médicos atentos ao poder da alma não se esquecem de receitá-la. A gente guarda uma relação de afeto com os sítios preferidos na forma de um sucesso especial que penetra sempre com moldura de beleza, qualquer que seja, e se aloja no mais íntimo do nosso íntimo como joia da vida. A Lagoa, a beleza da Lagoa foi o lugar onde, passeando de pedalinho, beijei, pela primeira vez, a moça que se tornou minha namorada a partir daquele momento, e foi minha mulher e companheira a vida inteira. O primeiro beijo, para um jovem enamorado, é um sacramento.

Antes deste momento único que mudou meu mundo, eu me encontrava com ela em danças domingueiras no Clube Caiçaras, que também ficava ali mesmo, na Lagoa.

JOIAS DO RIO

Era mais modesto e aberto do que é hoje, o Caiçaras, a gente entrava numa balsa que ligava a orla à ilha. Nem sei como ingressávamos, eu nunca fui sócio, talvez o pai dela fosse; não sei se pagava algum ingresso, não me lembro, sei que ia lá com ela, e a mãe, claro, dançar aos domingos, tentando conquistá-la, esperançado, dançando com ela, com ternura até o fim do baile às dez horas, e acompanhando-a na volta, juntamente com sua mãe, a pé, até a casa onde moravam na rua Almirante Pereira Guimarães, a pouco mais de 500 metros.

Tempo de bem-aventuranças no Rio, são muitas as lembranças benfazejas que começam neste ponto, no fim dos anos quarenta, como o meu sucesso no vestibular e no remo. Foi quando o Botafogo, que tinha sua sessão de remo perto do Mourisco, na Enseada, mudou-se para a base do Sacopã, à beira da Lagoa, onde já estavam o Flamengo e o Vasco.

A Lagoa era o remanso do céu, o chamado espelho dágua às seis horas da manhã, enquanto a Enseada era sempre ligeiramente ondulada pelo vento que entrava pela barra. O prazer de remar ao frescor daquela hora num *out-rigger* a oito, alargando o passo da remada e acelerando o ritmo devagar até aquele sopro da toda velocidade, sobre aquele espelho claro, é único. Lembro, é único: um voo rasante sobre a largueza serena daquela água. Voltar à base, cansado e suado, para tomar a ducha fria e receber orientações do técnico Rudolf Keller, tomar uma gemada oferecida por Carlito Rocha, o maior botafoguense de todos os tempos, antigo remador do clube, e receber ainda o incentivo do Nova Monteiro, o grande ortopedista que era o Diretor de Remo, presente toda semana, uma ou duas vezes, para conversar com os moços, são momentos de vida memoráveis que se somaram e me fizeram um especial afeiçoado à Lagoa Rodrigo de Freitas.

Afora outros episódios, ainda mais antigos: uma ridícula virada de barco a vela num dia ventoso, rindo junto com um amigo, também de primeira experiência, bem no início dos quarenta; e outros mais recentes, os muitos domingos que passamos eu, Eliana e os filhos, no Piraquê, do outro lado do Caiçaras, ao tempo em que moramos na Maria Angélica e o Piraquê era aberto a sócios temporários não ligados à Marinha.

A Lagoa é, sim, uma das joias principais do Rio, os cartões postais o atestam, e uma contemplação lá de cima, na Vista Chinesa, tira qualquer dúvida. Morador de Copacabana, desde menino circundei em volta da Lagoa Rodrigo de Freitas, no tempo da Praia do Pinto: "Laurinda, vá limpar a bunda do menino", escutei muita mãe chamando a filha por ali. E ouvia, com frequência, na família, que a engenharia do saneamento dela havia sido uma obra do tio-avô, Tio Tiche, o grande engenheiro sanitarista Saturnino de Brito.

A história da Lagoa começa ainda no final dos mil e quinhentos, com a instalação de um engenho de açúcar na encosta da região do Jardim Botânico. Foi o Engenho D'El Rey, que moía a cana da fazenda que, nos mil e seiscentos, ocupava toda a encosta do morro, do Humaitá à Gávea. O outro lado, de Ipanema, era restinga toda de areia e ainda terra de índio.

No início dos mil e setecentos, a herdeira de toda aquela enorme fazenda que beirava a Lagoa pelo lado de dentro, Dona Petronilha, solteirona de trinta e alguns anos e de poucos encantos, apaixonou-se por um jovem de dezenove, garboso tenente de cavalaria que gostava de passear por ali

JOIAS DO RIO

Lagoa Rodrigo de Freitas, Rio de Janeiro, c. 1884. Óleo sobre madeira, 23 x 65 cm. Acervo do Museu Nacional de Belas Artes, Rio de Janeiro. Autor desconhecido.

vindo pelo caminho de São Clemente, e conseguia chegar até a sede da fazenda em busca de um refresco. Dona Petronilha se apaixonou e se casou com ele. Foi, com certeza, o primeiro golpe do baú da história do Rio de Janeiro. O jovem tenente se chamava Rodrigo de Freitas.

Parece que foram felizes e ele cuidou bem da fazenda. O acesso era precário por aquele caminho chamado de São Clemente, que ia da enseada de Botafogo até uma fonte na beira da Lagoa, chamada Fonte da Saudade. Ali tomava-se uma água pura e uma canoa para chegar ao embarcadouro da sede da fazenda, mais ou menos onde hoje sobe a rua Faro. Rodrigo de Freitas cuidou de melhorar o caminho e a fonte, mas o lugar, ainda que muito bonito, era pouco atraente por causa da insalubridade e do brejo em volta da Lagoa, cheio de mosquitos, miasmas e malária.

Com a morte de Rodrigo de Freitas, a fazenda entrou em decadência e findou sendo comprada pela Coroa, por D. João VI, em 1808, para ali se instalar a fábrica de pólvora e, logo depois, o Jardim Botânico. Foi então que se abriu o caminho decente, do Humaitá até o local da fábrica e do Jardim, o que é hoje a rua Jardim Botânico, bem à beira da Lagoa, e teve início uma primeira pequena urbanização da área da encosta. Jóquei Clube, Piraquê, Hípica, Clube Militar, Flamengo, Hospital da Lagoa, tudo isso ainda era água da Lagoa e foi aterrado bem posteriormente.

Já bem avançada a segunda metade dos mil e oitocentos, chega o bonde Jardim Botânico e, pouco depois, o bonde Gávea. E a urbanização avançou com os trilhos, mais os aterros e os clubes, já no início do século XX.

O novo bairro era lindo, beleza observada e registrada por Charles Darwin quando visitou o Jardim Botânico e admirou a pureza da água doce da Lagoa. Mas a insalubridade continuava sendo seu grande problema. Saturnino de Britto foi então chamado e implementou a solução, com a abertura do canal do Jardim de Alah, escavação de onde saiu a terra da ilha dos Caiçaras, as comportas de regulação e a construção do dique em toda a volta, criando a Avenida Epitácio Pessoa, nome do Presidente de então.

A insalubridade acabou e a urbanização se desenvolveu bastante, subindo a encosta e aterrando mais a margem, instalando-se fábricas de tecido, oficinas e laboratórios na região, assim como grandes favelas que abrigavam a população trabalhadora da zona sul da Cidade. A misteriosa mortandade de peixes, entretanto, já desafiava, de quando em quando, a capacidade dos cientistas, como ainda hoje, apesar das dezenas de estudos e propostas executadas, sem resultado.

JOIAS DO RIO

Na segunda metade do século, foram removidas na marra as duas maiores favelas, a da Praia do Pinto e a da Catacumba, e a urbanização se verticalizou vertiginosamente. Ipanema, que nas primeiras décadas do século era ainda um areal com poucas casas, e um clube de ingleses no seu ponto extremo, adequadamente chamado Country Club, transformou-se num bairro de edifícios com os preços mais altos da Cidade.

Aterros ainda se fizeram até os anos oitenta, quando a Prefeitura tombou o espelho da Lagoa, fixando os limites da orla como estão hoje.

A Avenida Epitácio Pessoa, que começa no Jardim de Alah, ainda mantém, no lado de Ipanema, boa parte do seu perfil de edifícios baixos, até o Corte Cantagalo, que a liga a Copacabana, aberto numa obra que durou 20 anos, no início do século XX. Neste trecho está uma das antigas atrações da Lagoa, ponto de encontro da boemia artística por décadas, o Bar Lagoa, com seu aspecto de restaurante dos anos trinta, preservado graças também ao tombamento pela Prefeitura.

Logo depois do Cantagalo, o interessante Museu Eva Klabin, criado por vontade da proprietária falecida, no imóvel que foi outrora a casa de residência de Felinto Müller, o truculento chefe de polícia de Vargas, depois afável e admirado senador por Mato Grosso.

Seguindo, vem o belo Parque da Catacumba, local da antiga favela removida, e o conjunto de edifícios altos, de construção recente, a chamada curva do Calombo, e a zona do Sacopã, onde está a instalação náutica do Botafogo e a ladeira que se celebrizou pelo crime que comoveu a zona sul da Cidade. Nunca ficou provado que o belo Tenente Bandeira matou o bancário Afrânio por causa da Marina, namorada de ambos.

R. SATURNINO BRAGA

Antes do encontro com o Humaitá, onde o nome da via circundante muda para Borges de Medeiros, o eterno governador do Sul, fica o pequeno e simpático bairro da Fonte da Saudade. O nome só; ninguém sabe mais onde fica a fonte.

Prosseguindo o contorno, após a agradável Praça Ricardo Palma, aparecem edifícios novos, a sede náutica do Vasco e logo a rua Maria Angélica, do restaurante chinês muito caro. Rua onde morei feliz e tranquilo, no ponto mais alto dela, com mulher e filhos, durante bons anos, com vizinhos amigos até hoje.

Antes um pouco da Maria Angélica, na orla, a pequena, leve e encantadora escultura do menino índio em cima de uma pedra, o curumim flexando um peixe na água, o instantâneo do corpo ágil em movimento, um amado ícone da Lagoa, de autoria de Pedro Correa de Araujo, frequentemente maltratado pelos vândalos-ladrões.

Segue-se o Clube Militar, a Hípica, o Hospital da Lagoa, a bela Igreja de Santo Antônio da Lagoa e o Naval Piraquê, em frente à esquina da rua que levou o nome do saneador. Depois as cavalariças, o parque esportivo, a área enorme do Jóquei Clube. Do outro lado, a estação de pouso dos helicópteros, onde se alugam voos panorâmicos sobre o Rio.

Antes da virada à esquerda está o estádio de remo, construção nova cercada de cinemas e restaurantes de vista panorâmica.

As regatas de remo foram a grande atração esportiva da cidade, antes do futebol, no final do século XIX e início do XX. Eram realizadas na enseada de Botafogo e as arquibancadas ficavam próximas ao antigo Pavilhão Mourisco, lamentavelmente demolido. Vasco, Flamengo e Bota-

JOIAS DO RIO

fogo eram clubes de regatas. O Fluminense foi o primeiro clube de futebol, criado já nos primeiros mil e novecentos. Perdeu-se, então ,o interesse e o gosto pelas regatas, o fascínio do futebol é arrasador, e o estádio de remo, novo, fica às moscas; mas o encanto, a vibração de uma corrida de barcos a oito remos, ou mesmo a quatro, é arrebatadora, na beleza dos movimentos ágeis e sincronizados, estrênuos, só se compara a uma corrida de cavalos puro-sangue.

Bem, continuando o circuito, vem o Flamengo, sede e estação de remo, de um lado e de outro da rua, os clubes do Banco do Brasil e do Monte Líbano e o encanto do Caiçaras, que eu conheci ainda ligado só pela balsa que nos levava à dança aos domingos.

Toda a região hoje dos clubes Banco do Brasil, Monte Líbano, Paissandu e a área da Selva de Pedra um pouco atrás era ocupada pela grande favela da Praia do Pinto, removida nos primeiros anos sessenta com alguma resistência, eliminada por um incêndio pavoroso, possivelmente criminoso, que atingiu as casas remanescentes. A pequena compensação desta enorme remoção foi a construção do conjunto habitacional da Cruzada São Sebastião, obra do inesquecível bispo D. Helder Câmara.

Do outro lado do canal e do jardim, já começa a Epitácio Pessoa, completa-se o circuito de pouco mais de sete quilômetros, que muita gente percorre em caminhadas ou corridas em busca de saúde e de prazer.

Saúde e prazer naturalmente se materializam na revoada dos biguás em V, às vezes uma das pernas da letra muito maior que a outra; na frente, o capitão decidido. Todos os dias, da varanda, eu os vejo com deleite, me dão-me sempre uma esperança: de manhã, da Barra para a Lagoa; de tarde, o percurso inverso. Todo dia. Somando os vários bandos, são mais de mil. Eliana dizia: eles gostam de voar. E realmente parece que sentem prazer em voar pra lá e pra cá, gostam de variar, de se mostrar, de alegrar corações nas varandas.

Na época do Natal, a prefeitura monta na Lagoa a grande, iluminada de luzes coloridas e cambiantes, a grande e bela árvore de Natal que, durante um mês, é a atração da Cidade, que traz ao local moradores de todos os bairros do Rio e de fora dele, infernizando o trânsito dos moradores. Paciência.

E há uma verdadeira joia de raridade dentro dos limites desta joia da Cidade que é a Lagoa Rodrigo de Freitas. Falo da Capela de Nossa Senhora da Cabeça, construída nos primeiros anos mil e seiscentos, ao lado do Engenho D'El Rey, à margem do pequeno Rio Cabeça, um dos que descem do morro e vertem suas águas na Lagoa. Trata-se de uma das mais antigas, senão a mais antiga dessas construções da Cidade, perfeitamente restaurada sob a orientação do Patrimônio Histórico e perfeitamente preservada pelas irmãs carmelitas que cuidam do orfanato onde está situada. Vejo um excesso neste cuidado das irmãs: é a falta de uma solidariedade histórica para com a população, que não tem acesso à capela. Pelo menos um dia da semana, as irmãs podiam, e deviam, abrir a Capela à visitação. Eu tentei duas vezes e não consegui.

Como disse no início, a gente guarda no coração pedaços de vida em alguns pedaços de terra ou de cidade, que os fazem mais queridos (ou às vezes mais detestados). A Lagoa Rodrigo de Freitas, para mim, é um desses pedaços queridos, que busquei tratar com especial carinho quando

JOIAS DO RIO

tive a oportunidade de ser prefeito da Cidade, promovendo o tombamento de preservação de sítios históricos que iam desaparecer e do espelho dágua que, de tempos em tempos, diminuía sob o peso de aterros interesseiros.

Foi uma graça da minha vida.

Antonio Caetano da Costa Ribeiro.
Jardim Botânico, c. 1914. Rio de Janeiro, RJ / Acervo FBN

Verde que te quero verde, meu filho se chama Antonio Frederico por amor ao poeta, e eu, um velho político, também mereço um pouco de ar puro e quietação verde no meio desta desgastante tensão em que vivemos hoje no Brasil. E em qualquer parte do mundo. Quem sabe, na Islândia?...

Vou sempre que posso ver o verde do Jardim Botânico. Às sete da manhã, que é a hora da luz e da brisa. Dos pássaros, sabiás, tucanos, dos macacos em bando, dos jacus e das saracuras barulhentas.

Frequentávamos, há muito, eu e Eliana, este horto histórico e encantado do Rio, mas, esporadicamente, como um passeio agradável entre outros tantos. Passamos a cultivar o hábito saudável da caminhada verdejante a partir da convocação do querido Geraldo Jordão Pereira, quando assumiu a direção da sociedade dos Amigos do Jardim Botânico. Divina convocação: viramos sócios e passamos a ir duas ou três vezes por semana. Morávamos no alto da Maria Angélica e, por vezes, quando a disposição era boa, íamos a pé. Jovens.

Ultimamente, Eliana com dificuldade de caminhar e, depois, não mais entre nós, passei a ir sozinho toda manhã de sábado, e fui desenvolvendo uma rotina de velho solitário, tentando compensar a falta dela.

Entro pelos fundos, passo pelas casas toscas e simpáticas, ouço e vejo numa delas, espio por cima do muro, o belo galo que sempre canta para mim; logo depois o flamboyant que sombreia aquela rua interna e às vezes grita ao mundo de tão vermelho; e o mural bem desenhado e agradável à esquerda. Dobro à direita e leio os cartazes, vejo a *bicyclette* e logo o cipreste redondo bem na curva de entrada, onde se aspira um cheiro forte que me agrada muito, não sei de quê, parece mastruço, um xarope antigo, não sei direito o que é mastruço, mas chamo assim aquele cheiro bom e sadio.

Atrás da bilheteria, fechada a esta hora, está a velha casa de janelas verdes, igualzinha à do meu avô na Rua Barroso, o tamanho, as cores, a dele era mais amarelada, o estilo, o pé direito alto e o feitio das esquadrias. Paro e recordo um minuto. Saudade viva, vejo todos eles, até o macaco Simão, sonho de sessenta segundos.

E penetro o arboreto com o meu cartão. Já vou sentindo o perfume das flores grandes e brancas da extensa trepadeira à direita que parece maracujá, mas não é...

R SATURNINO BRAGA

Cumprimento o busto bonito do jovem D. João VI, o fundador à esquerda, cumprimento de verdade e admiração, o detalhe é a pequena trança dos cabelos, e observo o grupo de *tai-chi* à direita, debaixo das grandes mangueiras, os movimentos lentos e controlados, que conferem equilíbrio e senhoria ao corpo da gente. Gostaria. Mas o meu século passou. Sigo até o lago, recebo o sol da hora e muitas vezes subo o cômoro feito há duzentos anos com a terra da escavação do lago. Lá em cima, além da mesa de piquenique do Imperador, está o busto tranquilo de Frei Leandro do Sacramento, o primeiro diretor sábio que organizou tudo aquilo. Embaixo tem ainda a jaqueira sob a qual ele se sentava para descansar e fazer anotações sobre os trabalhos.

Viro à direita, contornando o lago pela esquerda, minha rotina, passo pelos bancos da Clarice Lispector, vou pisando o chão roxo dos jamelões caídos, tomo a esquerda depois da entrada dos sanitários e vou reto até a curva do orquidário, passando pela casa preservada do antigo moinho, com suas enormes mós de pedra postas em exibição. É uma exibição do tempo, da sua solidez.

No orchidário, dobro à direita e sigo no caminho entre os bougainviles solferinos irradiantes e a bela casa ampla, amarela, antiga de uns cem anos talvez, no estilo dos primeiros mil e novecentos, onde fica hoje a Administração e onde residiu, no curto tempo em que foi Ministro de Jango, o meu amigo brilhante Almino Afonso, e, também, antes da posse, morou o Presidente nomeado Ernesto Geisel, nacionalista competente, condenado pelo Grande Capital.

JOIAS DO RIO

Vejo logo os ipês roxos, floridos, emocionantes, e me lembro da contemplação do meu tempo de Maria Angélica, lá no alto, parado alguns minutos na janela da frente do segundo andar para ver a beleza daquela árvore florida na frente da casa do outro lado da rua, que deve ter sido plantada por Virgílio de Mello Franco, o primeiro morador dali, ali estranhamente assassinado. Moradores atuais, pela noite adentro, ouvem passos de ninguém, ouvem portas se abrirem e se fecharem sem motivo.

Passo o bromeliário, subo e desço a pontezinha, confiro o volume de água do rio embaixo para avaliar a pluviosidade do momento e sigo a reta que vai passar sob a majestade do sombreiro capaz de abrigar um quarteirão. Ou um batalhão. Cruzo a aleia da entrada da Pacheco Leão e continuo, à direita fica o sítio da antiga fábrica de pólvora, onde hoje brincam as crianças, e à esquerda os enormes bambuzais gementes, vou até a via principal na sua parte dos fundos, ladeada, do princípio ao fim, pelas velhas palmeiras imperiais, o símbolo do Jardim. No fim, à minha esquerda, está o clássico e imponente pórtico de pedra da antiga Escola de Belas Artes que ficava no centro da Cidade.

Caminho pela via principal e, à direita, estão as grandes sapucaias, magníficas na cor suave da sua abóboda, sua abundante florescência, e chego ao centro do Jardim, sua joia principal, o belo chafariz do Mestre Valentim, perfeito, sereno, lisonjeiro para os cariocas. A contemplá-lo do alto, à esquerda, o monumento da natureza, a sumaúma amazônica, consagradora.

Tomo a esquerda, confiro a velha árvore plantada faz duzentos anos por Frei Leandro, que ainda está de pé quase caindo, e vou reto; passo o pavilhão das esculturas do Mestre Valentim e aprecio o lago Folha Seca, onde frequentemente está o próprio Folha Seca, com seus noventa e tantos anos, sorrindo na sua bicicleta. Converso um minuto com ele e prossigo até a fonte de Eco e Narciso, outra joia de se parar e ver; a lenda, a bela lenda, o sacrifício do belo absoluto; e escolho uma das duas vias abertas à direita, ou a dos paus mulatos, altos, lisos, esguios, lindos, ou a das andirobas frondosas que cruza a das velhas mangueiras nodosas. Sigo até o jardim japonês onde, se tenho sorte, admiro um exemplar da mais bela flor do mundo, a flor de lótus, redonda, bojuda, sagrada na sua pureza de alvura, na sua formosura. Perto estão as camélias, tão bonitas que fazem chorar as moças jardineiras quando caem do galho e morrem; e que são um consolo quando falta a flor de lótus. Canto comigo a marchinha imortal, escutando as inflexões da voz de Orlando Silva, parece que está ali, comigo, Orlando Silva, passeando, mancando, cantando para o Rio, para o Brasil, sua bela voz.

Em frente à velha e principal entrada, com os dois pavilhões simples e marcantes, retorno pela via principal das palmeiras imperiais, vejo diante de mim a estampa do belo selo antigo comemorativo do primeiro centenário do Jardim Botânico, uma das joias da minha coleção. Como era bom, colecionar, admirar o selo pinçado sob a lente, catalogar, dispor e colar no álbum, admirar o álbum, a coleção, espaços vazios a preencher.

Novamente o chafariz e, à esquerda, a ruazinha dos manacás que vai até o lago e o cômoro do Frei Leandro.

Tomo então o caminho da saída lateral, respirando fundo o ar benfazejo, abrindo os braços e os pulmões em exercício, paro para ver os macacos matreiros quando descem da mata, olho à direita para a beleza da

Antigo postal fotográfico do Jardim Botânico

cascata do Caminhoá, que parece de água mineral, e vou até o fim para um alívio pessoal no sanitário.

    Se tenho tempo, subo e entro no jardim sensorial para sentir os aromas, fico ali uns cinco minutos olhando e sentindo, cheirando remédios que entram até o sangue, e retomo a saída, passando pela placa evocativa do grande Charles Darwin, paro e quase rezo, esteve ali, observou e descreveu o mundo. Sigo e paro finalmente, para beber um pouco daquela água lustral da boca feminina da fonte de ferro fundido.

    É o meu trajeto. Que não contempla outros pontos de destaque, como a escultura de Diana, a Caçadora, e toda a parte de fundos do outro lago, por onde se vai ao velho aqueduto e ao caminho do Solar da Imperatriz.

R SATURNINO BRAGA

Saio novamente por onde entrei. As casas modestas e simpáticas, eu moraria feliz em qualquer delas. Prefiro a do galo. Com o galo. Espio por cima do muro e ele está lá, sobre a murada da varanda, falo com ele e ele canta para mim. Saio com o corpo e a alma em felicidade, curtindo até em casa a hora que passei naquele sítio, que é a própria divindade, a natureza, aberta, olorosa e acolhedora a qualquer um. Sítio abençoado, como toda a minha cidade do Rio de Janeiro.

O Bairro da Urca

Bairro da Urca/Praia Vermelha. Acervo do Correio da Manhã

A opinião pública é generalizadamente desconfiada do setor de construção imobiliária pelos abusos que historicamente cometeram no Rio, obtendo frequentemente lucros exorbitantes através de operações ilegais ou de imposições legislativas lesivas ao ambiente e aos interesses da Cidade. A barragem de edifícios colados da Avenida Atlântica que impede a brisa marítima de se espraiar pelo bairro de Copacabana é um exemplo sempre mencionado. Talvez por ser o mais gritante; talvez por ser a primeira manifestação da força desses interesses.

Mas é fato histórico que, por outro lado, vários bairros do Rio, de boa urbanização, foram projetados, demarcados e construídos por empresas imobiliárias, às vezes criadas exclusivamente para estes fins. Foi o caso da Urca, por exemplo, bairro hoje considerado um dos mais aprazíveis da Ci-

JOIAS DO RIO

dade, que foi objeto de contrato entre a prefeitura e uma empresa, sociedade anônima, criada para o fim de construir o aterro e a urbanização de todo o bairro que surgiu com ele.

O Rio nasceu na Urca, costuma-se dizer, pois que Estácio de Sá estabeleceu sua primeira formação na estreita faixa de areia entre o Morro Cara de Cão e o Morro do Pão de Açúcar. Só depois de derrotar os franceses que dominavam a Baía de Guanabara, transferiu-a para o Morro do Castelo, em 1565.

E a Urca, entretanto, só veio a existir no século XX.

Existia antes, sim, a bela e famosa Avenida Pasteur, à beira da Praia da Saudade, onde hoje está o Iate Clube, até a Praia Vermelha. Bela porque tinha majestosas edificações: o hospício da cidade, que hoje é da Universidade Federal do Rio, onde funcionam várias faculdades, a reitoria e o famoso auditório Pedro Calmon, com a arena no pátio central, onde João Gilberto lançou a Bossa Nova; o Instituto Benjamin Constant, dedicado aos cegos, ambos inaugurados no século XIX com presença do Imperador Pedro II. Depois a grande edificação da Companhia de Pesquisas de Recursos Minerais, os prédios da UNIRIO e vários outros de entidades militares, como o do Instituto Militar de Engenharia e a Escola de Estado Maior do Exército, dando para a larga praça General Tibúrcio, frontal à praia. Sem esquecer o belo restaurante Terra Brasilis, no cantinho direito da praia.

Famosa, avenida, por importantes episódios da história da Cidade que ali ocorreram. Ali situava-se a Escola Militar, onde meu avô estudou, de onde saiu, segundo me contou, a cavalhada de jovens, cadetes e oficiais, que foi ao Campo de Santana chamar o Marechal Deodoro para dar o golpe da República. Ali, depois, foi a sede do 3º Regimento de Infantaria, a única unidade importante, no Rio, a participar da tentativa de revolução dos comunistas em 1935 (chamada de Intentona), com Agildo Barata no comando. E ali se realizou a grandiosa Exposição Nacional de 1908, de comemoração ao centenário da Abertura dos Portos e da vontade de mostrar um Brasil moderno ao mundo, depois da República.

Na lembrança de menino me ficou apenas a face do hospício virada para a Avenida Wenceslau Braz, onde passava o bonde que ia para o centro da Cidade. As janelas do prédio, grandes, altas, como ainda são hoje, eram então todas gradeadas e, do bonde, se podiam ver, e até escutar, os internados, às vezes calmos expectadores, às vezes furiosos presos sacudindo as grades a bradar impropérios. Minha mãe dizia que não ficasse olhando, mas a curiosidade e o espanto eram invencíveis.

Quanto à Praia Vermelha, não sei por que tem este nome, é relativamente pouco frequentada. É oceânica, de ondas médias, de areia branca, mas não há moradores nas proximidades, e só uma única vez mergulhei nela, por mera curiosidade, nada de muito diferente ela tinha ou tem, a não ser sua pequena dimensão comparada às outras da Zona Sul do Rio.

E a Praça em frente à praia, pouco chamada de General Tibúrcio, é frequentada quase exclusivamente, de um lado, pelos oficiais que trabalham ou cursam a Escola de Estado Maior ou o Instituto Militar de Engenharia e, do outro, pelos turistas que procuram a estação do caminho aéreo ao topo do Pão de Açúcar.

Sim, o Pão de Açúcar, basta olhar, contemplar, admirar, um dos mais belos e mundialmente famosos monumentos naturais da Cidade e do planeta, a gigantesca e imponente pedra lisa do Pão de Açúcar fica ali. Não sei como a chamavam os índios, os primeiros brasileiros. Não sei como a chamaram os franceses, os primeiros brancos a se estabelecerem ali. Pão de açúcar é uma forma que se mostrou depois, aos portugueses que fabricaram o açúcar em fôrmas parecidas com pães. Pois está ali, do lado esquerdo da praia, avistado logo depois da Morro da Urca, a estação intermediária do cabo aéreo.

Ia fazer uma confissão e desisti, tive vergonha, pejo, pudor, opróbrio, verecúndia. Pois então, depois de tanta sinonímia, faço-a: nunca subi lá no topo; fui até o Morro da Urca e desisti, voltei ao solo, de medo, tenho vertigem de altura; porra nenhuma, tenho medo mesmo, pavor, covardia verdadeira.

Bem, aliviado pela coragenzinha da confissão, volto ao tema da joia, para esclarecer que tudo isto de que falei até agora é hoje chamada de antiga Urca, que abrigou outros prédios e eventos importantes da História do Brasil e da Cidade, como referi. E que foi, também, o primeiro local escolhido, ainda ao tempo do Império, para se instalar a Universidade do Brasil, confirmado depois pelo Plano Agache, o grande plano urbanístico do Rio, de 1930.

A escolha definitiva foi para a Ilha do Fundão, mas a resistência do hábito deixou ainda no começo da Velha Urca uma grande parte da nossa Universidade que lá começou a funcionar.

E o projeto do novo bairro, imaginado por um português sonhador, só veio a se realizar na terceira década do século XX. Sim, é importante recuperar e registrar iniciativas arrojadas de pessoas criativas que findam por tornar-se realidade depois do tempo delas.

R SATURNINO BRAGA

Domingos Fernandes Pinto era um português apaixonado pelo Brasil, que lutou como voluntário na guerra do Paraguai, estabeleceu-se no comércio do Rio e morava na Praia de Botafogo, bem na esquina com a rua São Clemente. De sua ampla varanda contemplava diariamente aquela enseada redonda, bela e tranquila, rodeada de praias, com duas elevações nas extremidades, o Morro da Viúva e o Pão de Açúcar, observando que faltava um pedaço para completar a orla circular, e que ali podia se construir um novo e pequeno bairro da Cidade junto ao mar. Novo, pequeno e belo.

De tanto imaginar, pôs-e em ação. E conseguiu, nos últimos anos do século XIX, já na República, um contrato para construir um cais ligando a praia da Saudade, na Avenida Pasteur, com a Fortaleza de São João ao pé do Pão de Açúcar. E começou o enrocamento utilizando as pedras de uma encosta do Morro da Urca.

O projeto era grande, superava sua capacidade capitalista, a burocracia atrapalhava e, ao fim, foi embargado pelo Exército, por motivos de segurança da Fortaleza. Domingos Fernandes Pinto teve seu sonho interrompido. Mas deixou lá o primeiro trecho do enrocamento e a ideia do novo bairro, diferente, moderno, planejado bonito.

A ideia era boa e frutificou doze anos depois, quando entrou em cena outro personagem realizador, o engenheiro Oscar de Almeida Gama, que constituiu, em 1921, uma Sociedade Anônima Empresa da Urca. E em setembro de 1922, ano do Centenário, o Presidente Epitácio Pessoa inaugurava a primeira rua do novo bairro, a Avenida Portugal.

O contrato com a Prefeitura previa a implantação do arruamento segundo o plano aprovado e uma das cláusulas exigia a construção de um

JOIAS DO RIO

hotel balneário. Era o momento da descoberta da vida saudável, ao ar livre, com exercícios físicos e esportes. O balneário foi feito e alcançou grande sucesso, com as cabines para banhistas (que ainda lá estão) sempre lotadas.

O hotel, depois, nos anos trinta, instalou um cassino que se transformou num dos três pontos da Cidade preferidos e mais frequentados pela sociedade amante da noite (os outros dois eram os outros cassinos, o Atlântico e o Copacabana). Não eram caros os jantares dançantes e os shows que traziam artistas importantes do mundo inteiro; os lucros do jogo pagavam tudo e os brasileiros podiam ver e ouvir Jean Sablon, Pedro Vargas, Josephine Baker e tantos outros, como Carmen Miranda, que se tornou internacional. Também o moço Dorival Caymmi que vinha da Bahia. Eu era menor e não podia, que pena.

Com o fechamento do jogo em 1946, o cassino e o hotel foram abandonados, só mais tarde sendo ali instalados, já nos cinquenta ou sessenta, os estúdios da TV Tupi, que também foram fechados. Após 50 anos de novo abandono, eis que se instala ali uma escola internacional de design, oh, que bela ideia!

A pequena praia em frente, a Praia da Urca, mansa e agradável, também abandonada vários anos pela impureza da Guanabara, voltou a ser usada, com suas águas plácidas e hoje razoavelmente limpas, depois das obras de despoluição daquele setor da Baía.

É um bairro interessante de ser percorrido a pé; pelo visual da enseada em toda a sua orla: a Praia de Botafogo em frente, com o colorido ancoradouro de barcos antes dela; longe ao fundo, o recorte das montanhas que define o Rio, do Corcovado aos Dois Irmãos e à Pedra da Gávea, e o enorme Pão de Açúcar bem atrás; os aviões alçando voo ou aterrissando no Santos Dumont, navios grandes entrando pela barra da Guanabara, moradores e visitantes sentam-se na amurada que cerca a orla e ficam a apreciar e a respirar, a conversar, a tomar um chope no início da noite, especialmente em frente ao falado Bar Urca, do Armando, velho amigo do meu tempo da Prefeitura, filho do Seu Gomes, o grande fundador da instituição.

Roberto Tietzmann, *Antigo Cassino da Urca*, s/d. Rio de Janeiro

JOIAS DO RIO

Sim, a Urca deve ser percorrida a pé, em companhia de Luiz Edmundo, morador antigo e conhecedor de tudo, da Urca e do mundo, homem feliz por natureza, amigo da humanidade. Vai mostrando as casas, as belas e as estranhas, pequenas e grandes mansões, nomeando alguns donos famosos, e os estilos bem variados, como as cores, que compõem a beleza especial do bairro. Um bairro conservado e limpo, quase tombado por si mesmo, tal é a dificuldade de construir ou mesmo remodelar velhas casas, pelo carinho dos moradores e herdeiros e pelas exigências minuciosas da Prefeitura.

Num dos principais entroncamentos, talvez o principal, onde está o velho Cassino, a praia, o Belmonte e o início da subida da São Sebastião, está o prédio de três andares em cujo topo mora o grande carioca honorário, hoje presidente da Academia Carioca de Letras, Ricardo Cravo Albin, musicólogo, pesquisador, padroeiro da nossa cultura, com o seu instituto fomentador da arte, da filosofia, da cultura da carioquice e da brasilidade: recitais, palestras, exposições, debates, quantos eu assisti ali no auditório e na praça em cima, o Largo da Mãe do Bispo, com sua placa original e seu arvoredo acolhedor.

Ali pude encontrar, pela última vez juntos, meus velhos e queridos companheiros de política, e vê-los falar sobre fatos históricos memoráveis, lúcidos todos três, Almino Afonso, Waldir Pires e Vitor Fadul, três bravos e importantes brasileiros, ministros de João Goulart.

Impossível esquecer.

É assim que me lembro também de uma velha propaganda de rádio, acho que era do cassino, dizendo espaçada e destacadamente: A, E, I, O, URCA!

Museu Ferroviário

Carro de Getúlio Vargas. Foto de divulgação: Museu do Trem

Sou engenheiro de muito poucas ligações com a engenharia, verdadeiramente só exercitei durante uns onze meses, logo após a formatura, faz 60 anos. Mantive, entretanto, durante os dez anos seguintes, uma relação indireta muito interessante, no então BNDE, participando, como engenheiro, da análise de projetos que pretendiam financiamento do Banco. E a maioria esmagadora dos projetos de cujo exame participei era de ferrovias, cujo reaparelhamento o BNDE financiou maciçamente nos anos cinquenta, até o início dos sessenta. Tive oportunidade de conhecer, viajar por suas linhas, quase todas as estradas de ferro do Brasil, do Centro-Sul, do Sul e do Nordeste. Ganhei interesse e afeto pela engenharia ferroviária, que foi a grande ocupação dos engenheiros brasileiros da geração do meu avô e até a do meu pai. Meu pai foi portuário, que era o outro grande setor

JOIAS DO RIO

de trabalho de engenheiros no Brasil, e acabou se dedicando às rodovias nos anos quarenta e cinquenta. No tempo do avô, primeiros anos dos mil e novecentos, não havia ainda grandes construções, edifícios de concreto com salas e apartamentos, as grandes pontes eram metálicas, as casas eram de dois ou três andares, as rodovias eram poucas, de âmbito local, usinas hidrelétricas igualmente poucas, com barragens de terra, as fábricas mecanizadas, quase sempre de tecidos, não tinham muita engenharia, ferrovias e portos eram as ocupações dos engenheiros brasileiros, eu ainda senti isso no meu tempo inicial de Escola, nos primeiros anos cinquenta, embora naquele tempo o concreto armado já tivesse conquistado o grande interesse dos engenheiros e as rodovias estivessem em crescimento, alavancado pelo interesse dos apaixonados pelos automóveis e da indústria automobilística.

Disse tudo isso para explicar o meu prazer especial na visita que fiz ao Museu Ferroviário no Engenho de Dentro, e a inclusão do relato neste livro que reflete muito os meus sentimentos ao curso da vida.

Mas há ainda outra razão, talvez mais forte: a lembrança indelével da grandeza e da movimentação trabalhadora febricitante da antiga Oficina da Central do Brasil que funcionava naquele local. Lembrança das visitas demoradas que fiz nas campanhas para senador em 1982 e para prefeito em 1985, levado pelo João Gaúcho (Maidana), que tinha lá um líder amigo, Celestino. Oh, que impressão forte aquela barulhada de movimentação de gente e de máquinas me causou! Materialização da energia do mundo em ação, energia humana e mecânica; de carne e osso e de ferro e aço. Ficou até hoje. Esqueci os votos que certamente me rendeu.

R SATURNINO BRAGA

Recordo o passado: chegamos às seis e pouco da manhã, para panfletar na entrada dos operários, e saímos depois das nove e de muita conversa lá dentro. Adicionei ao meu pensamento muito respeito e interesse, que já tinha, pela atividade ferroviária, que marcou de fato o Brasil moderno.

Tudo isso e mais ainda, a oportunidade de recordar, na visita de agora ao museu, vendo aqueles trens antigos, as viagens que fazia, menino, com meus pais, a Caxambu, nas férias de verão, pelo trem da Central até Barra Mansa, apanhando fuligem da chaminé da locomotiva, atravessando impressionado e medroso o grande túnel escuro, de vários quilômetros, e baldeando para a Rede Mineira naquela cidade fluminense. Lembrando a passagem do trem da Leopoldina em Correas, onde meus pais tinham uma velha casa que tremia toda com o trem que ia para Minas e corria bem ao lado da entrada do jardim, entre a rua e a casa. Lembrando ainda as conversas ferroviárias que escutava, menino, entre meu pai e meu avô, e meu tio-avô Mário em São Cristóvão, eles veros engenheiros que levavam mochilas às costas, gente positiva e forte.

Pois está lá ainda, no museu, a velha estrutura da engenharia inglesa, as vigas originais do telhado de madeira indestrutível, admirável, cerca de um oitavo, apenas, em tamanho, do que era a construção completa quando funcionavam plenamente as velhas oficinas. A maior parte daquela imensa área está hoje ocupada pelo novo estádio, o Engenhão, ou melhor, o Estádio Nilton Santos, com sua bela construção botafoguense. A vergonha particular é que ainda não assisti a nenhum jogo do alvinegro ali no novo estádio. Eu, menino tão frequentador de jogos no campinho de General Severiano.

Carro do imperador Pedro II. Foto de divulgação: Museu do Trem

Entre parênteses, construção bela, também, é a própria estação ferroviária do Engenho de Dentro, com a estrutura ampla e alta de um imenso galpão metálico, testemunho do tempo das grandes oficinas.

Bem, o busto do Barão de Mauá, Irineu Evangelista de Souza, tinha de estar lá, no museu, bem à mostra, em destaque. Acho até que a figura de Mauá deveria estar como está na praça do seu nome, numa estátua em pé, em tamanho natural, na porta do Museu, tal a importância que teve no desenvolvimento das ferrovias brasileiras, a partir da construção da primeira, que levava o Imperador do fundo da Baía de Guanabara, Guia do Pacobaíba, até a raiz da serra de Petrópolis.

Posteriormente, foi construído o trecho da subida da serra, com uma cremalheira para garantir a tração na subida e levar D. Pedro II até a sua querida cidade serrana. Aliás, está lá no Museu, em exposição, o próprio vagão do Imperador, bem conservado, com todos os paramentos da dignidade imperial. Como está, também, perfeito, o vagão que trouxe ao Rio Getúlio Vargas, vitorioso na Revolução de 30. Relíquias.

A joia do Museu é, todavia, a Baronesa, assim chamada a primeira locomotiva do Brasil, do próprio Mauá, com seus dois pequenos vagões, a testemunhar o ingresso do nosso País na era do progresso, na era ferroviária, a mais importante manifestação deste progresso, a transportar as safras de café e de açúcar, das fazendas do interior aos portos de exportação. Iniciativa de um empresário brasileiro, o construtor da primeira ferrovia e do primeiro estaleiro naval, na Ponta da areia, Niterói.

Com as ferrovias, no mundo inteiro, levadas pelos ingleses, o tempo da vida humana mudou, esticou-se, coube muito mais coisa dentro dele, a produtividade no fazer as coisas aumentou, o sentimento e o pensamento do ser se alteraram também. Pode-se discutir se para melhor ou para pior, mas tem-se que aceitar que a ferrovia, com sua velocidade no transporte e nas viagens, criou não só um ritmo, mas uma mentalidade nova. Lembro-me bem do que se dizia, já no século XX, que o progresso chegava a uma cidade junto com o apito do trem. O apito e os sinos das locomotivas, que

JOIAS DO RIO

estão lá no Museu e podem ser tocados para evocar a memória alegre e sentimental do seu som.

Sim, o Museu Ferroviário existe, num local apropriado, nas antigas e grandes oficinas da Central do Brasil, está bem cuidado, pelo esforço solitário e louvável de um Diretor, o Engenheiro Bartolomeu Pinto, com três auxiliares de portaria; lá está e é digno de ser visitado; evoca, nos mais velhos, sentimentos e recordações agradáveis, mas, porém, todavia, contudo, ora, poderia e deveria ser maior, mais divulgado e mais visitado, para ilustrar melhor o que foi um relevante período da nossa História em termos de desenvolvimento econômico e social. E mental. E humano.

Quando chegava o trem, dizia meu avô ferroviário, as pessoas começavam a ter pressa, o ritmo de toda a cidade se acelerava. E não adianta mais perguntar se era para maior ou menor felicidade. A vida ficou mais interessante.

Pois o Museu está lá. Foi maior e mais visitado, ao tempo em que pertencia à Rede Ferroviária Federal S.A., lamentavelmente extinta, fatiada e privatizada. Precarizada. Havia um pequeno circuito, dentro da própria área do Museu, que era maior, de um trenzinho antigo, Maria Fumaça, a passear os visitantes alguns minutos pela área em volta, em demonstração do que eram os primeiros tempos do trilho de aço sobre dormentes de madeira.

Não se pode culpar o IPHAN, o importante Instituto do Patrimônio Histórico e Cultural, pela pobreza atual, já que o próprio IPHAN é a principal vítima do descaso governamental pelos testemunhos materiais e vivos do nosso passado histórico.

Devemos nós, conscientes da relevância desses testemunhos, redobrar nosso alarde. E chamar atenção, por exemplo, para esta joia ferroviária do Rio.

Os morros primordiais

Marc Ferrez, *O morro do Castelo e o largo da Mãe do Bispo, vistos do morro de Sto. Antônio*, c. 1890

A beleza estonteante da paisagem na entrada da baía, pronto: posso imaginar a emoção dos franceses que chegaram aqui há quase 500 anos e primeiramente ocuparam a Guanabara. Eles, especialmente sensíveis à beleza, que era completa, no desenho das grandes formas da moldura montanhosa, nas cores ensolaradas da vegetação e das águas, nos pássaros que pairavam no céu com as asas abertas ao vento, em todos os detalhes que iam percebendo ao se aproximarem, beleza que se mostrava até mesmo no nome sonoroso, Guanabara, a significar em tupi baía que é um mar.

Com certeza ficaram ali parados alguns dias, entrando e saindo, chegando mais perto, tocando a terra e voltando, gesticulando e buscando comunicação com os índios prazenteiros, coloridos, risonhos e palradores, que habitavam aquele paraíso.

JOIAS DO RIO

Sim, tinha de ser ali, a sede da França Antártica, era uma paisagem abençoada. Para estabelecer uma cidade, entretanto, a topografia era ingrata, muito difícil: quatro morros cercados de pântanos insalubres. Resolveram, então, ocupar uma ilha próxima. E ali ficaram dez anos, com boas ligações com os Tamoios. Até chegar a força maior de Estácio de Sá

Quatrocentos anos depois, a ilha se transformou numa formosa e famosa Escola Naval, garbosa também, os pântanos foram aterrados, e restaram apenas três dos quatro morros primordiais: o de São Bento, o de Santo Antônio e o da Conceição. O quarto, o Morro do Castelo, justamente o primordial entre os primordiais, de frente para a entrada da baía, onde se instalou a Cidade, onde foi construída a Matriz de São Sebastião, onde estavam o Colégio dos Jesuítas e os primeiros prédios oficiais, a relíquia maior do Rio de Janeiro, o Morro Primordial foi demolido, um ano antes do Centenário da Independência, para modernizar a cidade, oh, abrir a Esplanada do Castelo bem no Centro. Foi demolido sem grandes protestos na época, talvez até com aplausos, por um prefeito inculto, mas dinâmico que, além desta destruição irreparável, realizou outras obras, tidas como importantes para a Capital. Esqueci o nome dele.

Os outros três morros, felizmente, estão vivos. Um deles, o de Santo Antônio, o mais central da Cidade, passou por uma mutilação mas ainda está lá com suas relíquias, o Convento ao lado das duas belas igrejas, que são duas joias do Rio, especialmente a de São Francisco, recentemente restaurada na sua magnificência dourada, no seu silêncio esplendoroso.

É preciso vê-la, calmamente, demoradamente. É preciso sentar-se numa das cadeiras enfileiradas como bancos, sentar-se e ficar por alguns minutos só a olhar, a ver o altar, as paredes, o teto, a arte religiosa, refinada e cuidadosa, devotar-se ao silêncio e deixar brotar a emoção da beleza, do esplendor e daquele sentimento religioso que dirigia a vida das pessoas naquela época. Transporta-se.

A igreja, a sacristia e os anexos constituem hoje um museu, o Museu Sacro São Francisco; vale a pena visitar sem pressa, admirar as peças preciosas, parar e contemplar os retratos em tamanho natural de Pedro II e Teresa Cristina, ambos jovens, belos, Imperador e Imperatriz do Brasil.

A de Santo Antônio é ainda uma igreja em funcionamento, está em restauração neste momento, sempre muito frequentada por fiéis, mormente às terças-feiras, quando há missa com bênção. No saguão de entrada há uma bela imagem de Nossa Senhora da Conceição, como que a pedir uma Ave-Maria antes de ingressar na igreja. E ao lado, à esquerda, há um salão, onde fiéis se podem confessar, e de onde se pode ver o pátio do claustro, com o seu mistério antigo e atraente. Como me atrai.

Há dois velhos elevadores ao fim de um corredor que se abre para a praça no Largo da Carioca. São dois mas só um funciona, alternadamente, o outro descansa. São velhos. São acionados por um cabineiro, que é educado e atencioso, mas lento, a ler sempre um texto religioso. O próprio mecanismo é lento, cansado, no abrir e fechar as portas e no subir e descer a elevação.

Bela é a subida pela escada externa, que vai exibindo a paisagem, cada vez mais ampla, do Largo e dos edifícios; mostrando o quanto certamente era mais bela, antes da construção daquelas enormes caixas de concreto. No tempo do grande chafariz que fornecia a água da cidade, negros e negras, a trocar convivência alegre, vinham ali encher seus latões e cântaros de água.

No corredor de acesso aos elevadores há gravuras que exibem a evolução do convento e da paisagem ao correr dos séculos. Não há quem não pare para ver e compreender o tempo. O mistério do tempo. E ao subir pela escada, na medida em que o pedestre se eleva lentamente, repetindo os passos no ritmo dos monges e fiéis de trezentos anos atrás, vão-se recuperando os velhos sentimentos deles, de paciência, resignação e devoção. Uma felicidade bem diferente.

Difícil, sei bem, recuperar estas percepções de outrora no atropelo destes dias em que cada um tem o seu atraso para o próximo compromisso, tarefas sucessivas cuja duração somada não cabe no tempo do giro da terra. Mas vale a pena, se a pessoa não tem ainda setenta anos, vale a pena cancelar o compromisso seguinte e reviver o ritmo dos monges e do antigos fiéis no galgar em degraus.

Santo Antônio, ademais, é um dos santos mais queridos da cristandade brasileira (e portuguesa), o primeiro da tríade das belas festas juninas de antigamente, inesquecíveis, indescritíveis no sentimento que mesclava nossa alegria festeira com a religiosidade entranhada no povo de cem anos atrás. É um santo da devoção da minha família campista, cheia da Antônios em cada geração.

O Morro de São Bento é mais conhecido, pelo colégio tradicional de qualidade, pelo esplendor da Igreja em si mesma quando toda iluminada e pela missa das dez horas nos domingos, que também já se tornou um atrativo turístico a lotar todo o seu largo espaço: é preciso chegar às nove para conseguir um bom lugar sentado, perto do altar, de onde se pode ver, e escutar com atenção, o canto gregoriano do monges.

Sim, a missa é cantada pelos monges no estilo mais tradicional. Dura mais de uma hora e transporta os fiéis aos tempos primordiais da Cidade, com o seu ritmo, sua atmosfera sagrada, criada pelo todo artístico do templo, pelos passos e gestos respeitosos dos fiéis, pelo olor do incenso dominante, pela música, que canta aquela religiosidade antiga anunciada pelos sinos que badalam dez minutos antes das dez, no chamamento ao dever dos cristãos. Como faziam, e creio que ainda fazem, os muezins do alto dos minaretes nas mesquitas. Nunca tive oportunidade de escutar um chamamento muçulmano; ouço dizer que é belo e fervoroso, talvez um tanto dramático, e fico a pensar que muito dificilmente será tão chamativo e tão atraente quanto o júbilo cantante e reverberante dos sinos de um campanário como o do São Bento. E fico a lamentar como é difícil ouvir um sino hoje nas cidades.

É um momento de beleza especial o da missa de domingo no São Bento, um enlevamento alegre da alma, que começa junto com o do corpo a subir vagarosamente a rampa, sim, ali é melhor subir a pé, revivendo o tempo dos antigos. Até porque o esforço não é esfalfante e o estacionamento de automóveis, com certeza, estará lotado.

Os monges, em suas cadeiras que ladeiam o espaço logo à frente do altar, parecem ter todos vozes iguais e muito antigas, como suas vestes, e o propósito do canto uníssono e monótono é o de suscitar um sentimento de fundo austero para a sacralidade do momento. E é bonito assim. É muito bonito. A missa toda revive um tempo profundo e passado de devoção e recolhimento. Um outro amor.

JOIAS DO RIO

A saída da missa, cheia de encontros semanais, afagos e cumprimentos, é alegre nas fisionomias sorridentes, cheias do sentimento confortante do dever cumprido, mas ainda algo contidas na efusão, fazendo a transição para a largueza maior de movimentos característica do tempo presente. Vestimentas de alguns turistas à vontade ou típicas de moradores dos bairros mais próximos do centro, da zona sul principalmente, um que outro suburbano.

Tem sua beleza, a saída da missa do São Bento; a beleza da comunidade humana abençoada, que traz ainda na alma, por algum tempo, quem sabe pelo domingo adentro, o sentimento cristão que vai adiante se dissolver na competição da vida que começa na segunda-feira.

E o Morro da Conceição, ah, o terceiro dos quatro primordiais, e o mais vivo de todos, habitado, residencial, ao gosto de pintores e escultores com seus ateliês; turístico, naturalmente, mas muito menos divulgado e apreciado pelos grupos guiados pelas empresas mais presentes. Parece um velho bairro de Lisboa, nossa matriz.

Em cima tinha uma fortaleza e seus canhões, claro, a defesa que sempre preocupava os portugueses. O Morro da Conceição também se virava para a baía e constituía um bastião, no outro extremo da cidade, em relação ao do Castelo.

Depois teve a casa do Bispo, que hoje é do Serviço Geográfico do Exército; e a joia da joia, a bela, a primorosa, a delicada e comovente imagem de Nossa Senhora da Conceição, a milagrosa santa que salvou meu tataravô de um naufrágio e que era a devoção de uma antiga moradora do morro, que a pôs numa capelinha bem no alto.

A capela deve ter sido demolida e a bela santa está hoje no alto de um pedestal, no meio de um larguinho, visível a qualquer passante, devoto ou não, que, diante dela, mesmo sendo ateu, sente vontade de se ajoelhar e dizer uma oração.

Fica no centro da Cidade, um bairro residencial antigo e conservado, imune à ganância do capital imobiliário, sua quietude preservada, seu encanto continuado, o Jogo da Bola, muito antes do futebol, parece um milagre, um milagre da Santa.

Do lado de trás tem o Valongo, os Jardins do Valongo, o velho Observatório do Valongo a ver estrelas, e hoje o velho cais do Valongo, escavado e exposto ao público nas sua pedras originais. Abrindo os olhos do pensamento, dá para ver os africanos, nossos decavós chegando tristes, debilitados, acorrentados, para o Mercado, sempre o mercado, o maior mercado da época, que vendia a mercadoria mais cara, valiosa, a mercadoria humana, de carne, osso, coração e sentimentos. Esses sentimentos, seus cantos e ritmos penetraram, entranharam, por séculos, as paredes e as pedras da cidade, coloriram, animaram e engraçaram a alma rica e musical do Rio.

Mas ali naquele mesmo cais, depois de desativado pela vergonha nacional, isto é, não ainda desativado, mas removido, levado a outros pontos menos visíveis da cidade, limpo o local, remodelado e engalanado, ali desembarcou a Princesa, Arquiduquesa da poderosa Áustria, que vinha se casar com nosso valente e ousado Príncipe Herdeiro, aquela que depois foi a Imperatriz Leopoldina, amada pelo povo, por tudo o que representou para a Independência do Brasil, por toda a afeição a esta terra que lhe entranhou a alma.

JOIAS DO RIO

Pois tem muita história o cais do Valongo, local central do nosso Rio. Tem história e tem vergonha, e talvez por isto mesmo pouca gente o conhece, não é muito noticiado. Fica embaixo do Morro da Conceição, também mais ou menos desconhecido.

Muito mais frequentada é a baixada do outro lado do Valongo, o Largo de Santa Rita, a Igreja, e o Beco da Sardinha, bem português no ruído e na qualidade do serviço, no sabor do peixe e da cerveja, ou do vinho, na alegria expansiva dos frequentadores, muitos, oh, quanta lembrança!

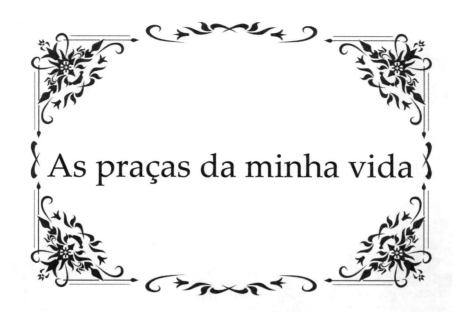

As praças da minha vida

Praça da República Rio de Janeiro, s/a, s/d. Biblioteca Nacional

Praças são espaços de terra, de verde e de vida dentro das cidades de pedra e asfalto, com seus automóveis de aço. São espaços de contemplação e de convivência humana, são clareiras vivas na selva de concreto e fumaça, são reservas de ar atmosférico para respirar placidamente, ou comovidamente. Em solidão, em par de namorados ou em grupo de amigos. Para ver árvores, pássaros e flores: já pensou sentar-se na velha Praça da República e ficar olhando aquelas estupendas árvores de Bilac? Pois eu já fiz isto mais de uma vez, junto com as cotias sentadinhas.

Praça é também para se andar, correr, se exercitar e respirar. Pisar na terra, passear as pessoas mais velhas, os inválidos, os cães, os pequerruchos. Jogam-se cartas, joga-se xadrez e damas nas praças. São também espaços de meditação e de lembranças. São feitas para se sentar e tomar sol. Tomar pensamento, juízo.

Há quem diga, com frequência, para criticar alguns prefeitos: só sabe fazer praças. Pois acho bons esses prefeitos. Eu não fui um desses. Que pena. Não me lembro de uma bela praça que tivesse feito no meu tempo. Lamento mesmo.

Mas tive praças na minha vida de ser. Duas enormes, vistas diariamente, de ambos os lados do meu prédio em Brasília, primeiro na 105, depois, por mais tempo, na 309. Acho que Brasília é a cidade que mais tem praças em todo o mundo. Aquela beleza verde que saiu do coração de Lúcio Costa. Talvez Sophia seja a segunda; digo porque conheci e andei lá por muitas praças, muito mais do que em outras cidades. As praças e o iogurte, as duas lembranças especialíssimas que tenho da capital da Bulgária.

Bem, mas falo do Rio, das joias da Minha Cidade.

Pois aqui tive quatro praças. Parques o Rio tem vários, alguns que eu atravessava quase todo dia, como o do Aterro do Flamengo; outros que visitava com frequência: o da Cidade, na Gávea, a Floresta da Tijuca, a Quinta da Boa Vista, na juventude. Mas falo especificamente de praças, praças simples no Rio de Janeiro: tive quatro.

Minha infância foi brincada na rua Tonelero, no trecho entre a Rua Barroso (Siqueira Campos) e a Praça Cardeal Arcoverde, nome de um dos mais reverenciados arcebispos do Rio, o primeiro Cardeal das Américas, professor de grandes méritos, descendente direto do grande Jerônimo de Albuquerque, que se havia casado, ainda no século XVI, com a filha do cacique Arcoverde, dos índios tupis de Pernambuco.

R SATURNINO BRAGA

Foi a primeira praça da minha vida, ainda inculta àquele tempo, meio que um matagal, propícia a toda espécie de brincadeira infantil, menos a bicicleta que tinha de ser deixada na calçada ao lado. Ninguém roubava. E um dia a minha foi roubada. Menos de meia hora depois já se sabia quem havia roubado, o Amâncio, um menino que morava numa pequena favela, chamada de Chacrinha, que se instalava a partir de um canto da Praça, ocupando toda a orla do morro, onde hoje se situam as ruas Guimarães Natal e Assiz Brasil. A última rua que naquele tempo fazia esquina com a Tonelero era a Otaviano Hudson, que nós subíamos e descíamos nas corridas de bicicleta, até uma ruela que havia no topo dela, chamada Maracanaú. Não sei se ainda está lá.

E logo logo depois apareceu a mãe do Amâncio, carregando a bicicleta, para devolver e pedir desculpas. Com certeza, Amâncio tinha levado uns cascudos. Era assim.

Da Arcoverde, atravessávamos a Barata Ribeiro e subíamos o Morro do Caracol, assim chamado então: hoje é rua General Azevedo Pimentel. No alto do morro, nenhuma casa, um grande largo, não era ainda uma praça, era uma pequena elevação de terra no topo, uma terra que brilhava ao sol, na mão da gente; que tinha grãos brilhantes cor de ouro. Era a nossa mina, brincadeiras mil se podiam imaginar, e se imaginavam, em torno da posse daquela mina, de lutas pela sua posse.

Daquele alto se via bem a praia e o edifício do Copacabana Palace, com duas enormes chaminés que giravam com o vento, e a piscina ao lado, onde aprendemos a nadar, eu e meu irmão, com um professor alemão que passava a mão nas alunas.

A segunda praça, ainda na meninice de colégio primário, foi a Serzedelo Correa. Nome de um oficial do Exército que foi Ministro de Floriano Peixoto em várias pastas, o chefe o admirava, foi deputado federal, foi governador do Paraná e foi Prefeito do Distrito Federal (nosso Rio) nomeado pelo Presidente Nilo Peçanha aí por volta de 1910. Tinha ideias avançadas sobre economia e escreveu um livro *O problema Econômico do Brasil*, editado pelo Senado Federal. Tenho, mas não o li.

Praça Cardeal Arcoverde. Rio de Janeiro, 1940. Arquivo Geral da Cidade do Rio de Janeiro

Bem, o colégio era na Avenida Copacabana, bem em frente à Praça, era o Colégio Pitanga, da Dona Maria Luiza Pitanga, que tinha sido professora de minha mãe, colégio pequeno e bom, onde aprendi a base essencial de informações organizadas para toda a vida e cursei até o segundo ano do ginasial.

E foi a grande praça não só da minha infância, mas de toda a minha vida. Ali tinha, e tem, a Igreja de Nossa Senhora de Copacabana, onde está a imagem original, onde fiz a primeira comunhão, onde assisti muitas missas com minha babá querida e comunguei tantas vezes; a igreja onde me casei, onde Eliana se batizou antes de se casar, sendo Lindolpho seu padrinho e Sonia a madrinha; onde meus pais celebraram as bodas de prata e eu cantei naquela missa com uma emoção inesquecível, que contaminou todos os presentes. A praça onde corri muito, pra cima e pra baixo, onde joguei pião e bola de gude, onde assisti muitas vezes o guinhol, um teatrinho infantil de marionetes que se apresentava aos domingos.

Enfim, ainda, a mesma praça onde Eliana levava o Bruno pequeno a passear, no tempo em que morávamos na Domingos Ferreira. Raramente eu ia junto, sábados, domingos. Sim, a mais importante praça da minha vida.

Há mais duas, ainda, uma da juventude e outra da velhice: o Jardim de Alah e a Antero de Quental, ambas no Leblon.

No Jardim de Alah namorei. Muito. Eliana morava bem perto, na rua seguinte, a Almirante Pereira Guimarães, e o Jardim de Alah era a nossa preferência: a praia era mais cheia e os bancos menos cômodos, sem encosto. Ademais, a praia era o lugar da manhã em movimento, do sol e do mar da manhã, com sua energia vital. A tarde era mais sedentária, de conversas de intimidade, de relaxamento e carícias de namoro.

JOIAS DO RIO

É muito extenso o Jardim de Alah, vai da Lagoa à praia, e tem duas margens que ladeiam o canal de escoamento, com suas comportas e seu regime regulado pelo sistema implantado por Saturnino de Brito, o grande engenheiro que é um capítulo da história da minha família.

Ficávamos, claro, na parte próxima da praia, como era a casa dela, respirávamos o iodo e os sais marinhos evaporados e enviados pela brisa, de mãos dadas, abraçados, nos carinhos próprios do namoro, desnecessária a palavra durante a maior parte do tempo. O ruído era dos cachorros que brincavam em bando, e dos pescadores que, de raro em raro, puxavam um peixe na tarrafa. Na memória, enquanto eu viver.

Por fim, a praça da velhice. A quarta e última da minha vida, a Praça Antero de Quental, o grande poeta português, líder do movimento renovador da literatura lusa na segunda metade dos mil e oitocentos.

Tem sido o meu aconchego da idade. O meu conforto de contemplação da vida, dos pássaros, das árvores, das flores e do céu; de saudade. Contemplação dos seres, dos humanos, como é bom vê-los, imaginá-los, conversar com eles sozinho e sem palavras, na idealização da vida de cada um, como foi, como será, a espécie humana, a milagrosa vida de milhões de anos, célula a célula, o nosso corpo tem trilhões delas, dá para imaginar um trilhão? Sim, fico pensando com os olhos e com o meu próprio ser, como é bom ver uma mulher bonita, uma graça de Deus ou da natureza, depende de para quem você olha e de quem você é capaz de ver. É um engano pensar que todos vemos as mesmas coisas; talvez vejamos as mesmas formas e cada um vê as cores e o conteúdo conforme o seu próprio ser, que varia muito, muito mais do que a substância e o espírito dos animais, dos cães, por exemplo, também bem diferentes. Vejo auras, vejo espumas, vejo peles e delicadezas. Brutalidade muito pouca, ela não se dá bem com a praça que é arena de paz e simpatia, de empatia, você pode falar com qualquer um e vai ter uma resposta humana, talvez uma bênção. Na praça todos se abençoam, e a gente respira e acena de um para o outro.

É minha praça hoje, até quando?

Bem, Antero de Quental foi poeta e filósofo, discutiu os grandes temas filosófico-religiosos do tempo e desafiou Deus, subiu no parapeito de uma janela alta e lançou o desafio; se tivesse o poder mesmo, que o jogasse naquele momento lá embaixo. E Deus nem ligou, ele ficou mais alguns minutos, desceu e se triunfou: viu?

Gosto de pensar nessas coisas, gosto de literatura, Antero de Quental foi companheiro de geração e de ideias de Eça de Queiroz, o autor que me induziu ao gosto. *Os Maias.*

Vou à praça amanhã. E depois. Até quando.

Revert Henry Klumb, *Cascata da Cruz, Floresta da Tijuca*, 1863/1864.
Biblioteca Nacional

No início dos anos sessenta do século XIX, um sábio Imperador, tendo notícia da devastação de uma grande área elevada de sua cidade, onde outrora havia uma floresta na qual estavam nascentes de rios que abasteciam de água a população, resolveu desapropriar esta grande área e mandar reflorestá-la, tanto quanto possível com espécies nativas da mata original.

A ordem foi plena e caprichosamente cumprida, sob a direção de um major da polícia militar que, com seis escravos, plantou cem mil mudas em dez anos (média de 30 por dia) e transformou a área na maior floresta efetivamente urbana do mundo, dentro de um parque preservado, de 4 mil hectares, visitado por mais de 3 milhões de pessoas a cada ano, situado no coração de uma metrópole viva.

JOIAS DO RIO

Isto aconteceu no Rio de Janeiro, sob o Imperador Pedro II, que incumbiu o major Gomes Archer desta imensa e saudável tarefa. Edificante; exemplar; histórica.

Onde mais aconteceu, naquela época, coisa semelhante?

A mera história é um convite ao passeio verde, alegre, amplo, vivo, sensitivo, completamente alheio à outra selva de pedra enfumaçada que o circunda lá em baixo. Um passeio que suscita o pleno sentimento do prana, ali envolvente e visível, respirável. Um passeio que pede o esforço feliz da caminhada a partir do encanto da Cascata Taunay, a subida lenta que tantos brasileiros e turistas de todo o mundo empreendem, especialmente nos fins de semana.

Subida que surpreende a cada curva, monumentos de árvore, pássaros de muita espécie, quatis em família, macacos pulando de galho em galho, caxinguelês, vai, vai, e aparece primeiro a Capela Mayrink, quase sempre fechada, o que é uma pena, para economizar, talvez, o salário de um vigia. Havia um Portinari lá dentro, com certeza ainda está, claro que devia estar aberta ao público. Mania retrógrada, de fechar para preservar: a de Nossa Senhora das Cabeças no Jardim Botânico e a da Pampulha em Belo Horizonte também estão fechadas.

Bem, depois do protesto, segue o caminho e chega-se fácil ao Centro de Visitantes, com o belo e surpreendente monumento aos seis escravos do Major Archer: Constantino, Eleutério, Leopoldo, Manoel, Matheus e Maria, que certamente plantava e servia a todos em dupla jornada. Ou tripla.

R SATURNINO BRAGA

Vale a pena admirar o monumento e parar no Centro, beber uma água pura e ver o pequeno museu, interessante, claro, com todas as indicações iluminativas da floresta e suas trilhas.

Seguir depois, ainda mais estimulado pela espantosa imagem de grandeza que a informação sobre a floresta proporciona, e parar diante do carinhoso Lago das Fadas, pequeno e redondo, tão convidativo. Difícil mover-se dali, mas há que continuar, subir mais e parar novamente para contemplar a Vista do Almirante, larga, funda, clara, tocante, com a Pedra da Gávea numa perspectiva única; e seguir com vontade até encontrar a graça da fonte esculpida em ferro fundido no meio do Jardim dos Manacás. Há que admirar um tempo, a fonte e tudo o mais, o verde majestoso, antes de seguir devagar, passar pelas ruínas, ficar imaginando o que foi, e subindo, e subindo sempre dentro daquele verde espantoso, até atingir a largueza do Bom Retiro, que revela nitidamente a transição: é o fim daquela jornada, o regozijo que pede uma parada mais demorada, de descanso, recreação e abastecimento antes da volta; possivelmente brincando com um macaco engraçado que gosta de gente e está sempre por ali.

É transição porque é, também, o ponto princípio da trilha incitante que leva aos pontos mais altos da Cidade, o Bico do Papagaio ou, alternativamente, a partir de uma bifurcação, ao Pico da Tijuca, o topo do Rio de Janeiro visto ao redor lá embaixo, imenso e fervilhante.

Bem, a subida aos picos é outro passeio, em que o visitante vai de carro até o Bom Retiro e ali inicia o montanhismo, com boas pernas e duas horas e meia de subida até o escolhido entre um dos dois pontos culmi-

JOIAS DO RIO

nantes. Eu já subi o mais alto, o da Tijuca, num dia claro de junho: vale a pena vir do Kazaquistão respirar a subida e contemplar a vista.

Na descida do passeio da Floresta, se o apetite que se manifestou intenso no Bom Retiro não foi aplacado com um bom sanduíche, ele grita mais forte e exige um reabastecimento. O caminhante mais jovem provavelmente se preparou para um alegre piquenique em qualquer uma das áreas destinadas a este fim, muito propícias e aparelhadas. O apetite é florestal e qualquer bom sanduíche é delicioso.

Se for de mais idade e preferir o conforto de um restaurante, uma comida mais completa, quem sabe um vinho, pode escolher um entre os dois existentes, bem indicados por placas. Há o mais simples, o Floresta, na casa que foi a dos escravos do Major, com os seus três majestosos guardas na entrada, dois jequitibás e uma paineira; e o outro, mais sofisticado sem ser luxuoso, o dos Esquilos, na bela casa que foi sede da fazenda do Barão de Escaragnole, o que deve ter desmatado tudo, plantando café que dava dinheiro.

Este dos Esquilos fica em outro caminho, também largo e asfaltado, e igualmente envolvido pelos encantos da floresta, tudo bem sinalizado. Este caminho alternativo, de subida ou de descida, oferece excitantes duchas frias e puras na cascata Gabriela e na cachoeira das Almas. Excitantes e estimulantes do coração e do sangue, da vida do corpo todo, do ânimo da alma, da bem-aventurança, do amor a Deus, à Criação e à Humanidade. Melhor tomar todo este espírito vital na subida, antes do torpor do almoço na volta, claro.

Marc Ferrez. Detalhe da fotografia *Cascata da Tijuca*, 1885

E há o caminho da saída, obrigatório para quem vai de automóvel, com a parada abençoada, de repouso e despedida, de contemplação e meditação, logo antes do portão, no Açude da Solidão, com esta denominação bem significativa, pelo sentimento que inspira.

É passeio de um dia inteiro, talvez dois, retornando no seguinte ou em outra semana, não há áreas para camping nem lugares de pernoite, tem que ser o dia inteiro com piquenique ameno e alegre, infantil e carinhoso. Saudável, evidentemente, para velhos e moços.

Passeio preferido de Eliana, desde antes de nos casarmos. Uma vez subimos, nós dois e a mãe dela, Dona Alice, nos seus cinquenta e cinco anos talvez, gorduchinha, mas lépida, subimos o pico da Tijuca, já fiz referência ao espanto da vista. Obviamente, não era um passeio frequente em razão das exigências de tempo e de preparo, com previsão certa de dia sem chuva.

Moramos três anos na Gávea Pequena e duas vezes fomos a pé, com a segurança obrigatória bem distante atrás, fomos até a entrada, a Praça Afonso Vizeu, e outra vez até a Cascata Taunay, para voltarmos também a pé, éramos jovens de cinquenta anos, uma caminhada tão bonita e olorosa.

Uma pergunta ficou desde então: este Taunay da cascata terá alguma coisa a ver com o Escaragnole da fazenda?

A Praça Afonso Vizeu já em si é uma graça, no desenho e nas antigas e pequenas construções em volta, coloridas. É o ponto do Alto da Tijuca, procurado desde o século dezenove por franceses e ingleses temerosos da febre amarela que grassava lá em baixo, perigosa de tempos em tempos.

Museu e Parque da Cidade

Rodrigo Soldon, *Parque da Cidade*

Todo mundo sabe que o proibido, o defeso que não é muito grave, tem um sabor picante que excita o coração e os nervos do ser humano. Assim se sente o estudante do período médio quando mata aula. O Parque da Cidade é uma das joias do Rio e, para mim, evoca aquele tempo juvenil da matança de aula. Era o nosso lugar preferido, de um grupo de alunos do ginasial do Mello e Souza. Tomávamos o bonde Gávea, que ia até o final da Marquês de São Vicente, e subíamos a estrada, já asfaltada àquele tempo, para chegar ao parque, saudando alegres o guarda na entrada, que compreendia tudo e sorria benfazejo para aqueles meninos uniformizados de cáqui.

O que fazer lá, para passar umas três horas e voltar à casa no tempo certo, prevista a volta de bonde? Não me lembro certo como foi da primeira vez; das várias vezes seguintes, já conhecíamos bem o local.

JOIAS DO RIO

Chegávamos depois de uma subida de uns dois ou três quilômetros, e a primeira vontade era sentar num lugar próximo e aprazível, o gramado logo à direita ou á borda da represa, à esquerda. Era um pouquinho mais distante, a represa, mas quase sempre a preferida, era fresca e arborizada, tinha boa sombra, muitas vezes com alguma presença humana, um pintor com seu cavalete, uma senhora sentada e lendo, naquele tempo lia-se mais como lazer, ou um casal de namorados que repousava depois de algum divertimento sexual no meio da mata circundante, ou que se excitava mutuamente antes de entrar na mata. Estes casos atiçavam nossas glândulas e suscitavam a vontade de ir atrás deles, quando ingressavam no matagal. Alguns dos nossos chegavam a ensaiar o movimento, mas eram contidos pela maioria, que respeitava os direitos humanos do casal. Sim, direitos humanos já naquele tempo.

E se conversava, claro, sobretudo se conversava, se contavam casos e experiências a passear pelas vias cuidadas do parque, subindo por vezes alguma trilha da mata, até por exemplo um reservatório de água, não muito grande, que havia uns cem metros acima da ponta do asfalto. Devia ser utilizado no abastecimento do bairro porque era vigiado, havia uma pequena casa ao lado.

Algumas vezes fomos ao pequeno museu, o Museu da Cidade, pela curiosidade de ver o que tinha dentro, nada de importante para meninos daquela idade. Confesso que nem me lembro de nada, e hoje está fechado para remodelação, e não sei dizer o que terá proximamente em exibição.

O que mais se fazia, entretanto, era conversar caminhando pelo parque, dizer coisas alegres, comentários e pequenos relatos, muito ligados ao sexo, claro. Ali fiquei sabendo, por exemplo, que havia no centro da Cidade um museu sobre sexo, um local destinado à educação sexual, acho que se ministravam aulas ali, não sei, mas era aberto à visitação. E combinamos que a próxima matada de aula seria lá. E fomos. Fascinados: a coisa proibida, tratada porém com seriedade, era fascinante. Voltei lá sozinho algumas vezes, era na rua Sete de Setembro; aprendi com eles a localização e voltei algumas vezes, até desgastar-se o fascínio. Naquela primeira visita, havia um guia, que no explicava as imagens anatômicas e nos instruía sobre doenças venéreas. Muito perigosas àquele tempo em que não havia ainda os antibióticos. Lembro-me de que vi, pela primeira e única vez, vi os espermatozóides em movimento frenético, incessante. Um do grupo, Reinaldo, se dispôs a se masturbar no banheiro e trazer o esperma colhido sobre uma lâmina, que o professor preparou e colocou no microscópico, e todos nós, um por um, arrebatados, vimos aquela vibração elétrica, incessante, a própria imagem da vida primeva, da energia vital em estado puro, na ânsia suprema de buscar o que fecundar para gerar nova vida.

A vida; o fenômeno da vida; a origem da vida; horas de perguntas sem resposta, indo e vindo, o eterno retorno.

Aprendi muita coisa no Parque da Cidade. Uma vez encontramos um pintor no seu afazer de pôr na tela a sua visão da paisagem da represa e das árvores floridas ao redor, e um dos nossos colegas o conhecia, era amigo do irmão mais moço do pintor, e sabia que ele era um homossexual, foi passado em sussurro de um para outro. Olha a excitação: a oportunidade de conhecer de perto e falar naturalmente com um viado verdadeiro.

JOIAS DO RIO

Nosso colega se apresentou, foi reconhecido e tratado como tal, e ficamos em volta dele alguns minutos, trocando palavras soltas, ele visivelmente ocupado na sua arte, sem nenhuma disposição para conversar com aqueles fedelhos, mas educadamente nos tolerando à sua volta, até atinarmos com a nossa inconveniência. Aprendi, que homossexual podia ser uma pessoa digna, educada, humana e culta.

Aprendi muita coisa naquelas conversas do Parque da Cidade. Uma vez um dos colegas contou que um grupo, de moradores na vizinhança dele, da nossa idade ou um pouco mais velhos, tinha apanhado um dos meninos vizinhos, que era afeminado, viado na concepção deles, e tinha introduzido, à força, no anus dele, uma banana inteira, com casca e tudo, e tinha assistido, rindo e gozando, o menino morrer de dor, chorando e fazendo força para evacuar a banana. Aprendi que o ser humano mente muito, muitas vezes de pura bravata, e que pode ser estúpido e cruel nessas mentiras, de graça, só para mostrar poder e saber de coisas diferentes. Outra vez, outro colega relatou que apanhou à força uma menina, filha da empregada, e obrigou-a, aos tapas, chorando, a bater uma punheta nele, e o fato de ela chorar aumentou muito o gozo dele. Mentira e sadismo ao mesmo tempo, fui aprendendo no Parque.

Bem, mas é sobre o próprio Parque, sobre esta jóia da Cidade que quero falar aqui. Aprendi que foi originalmente, a residência do Marquês de São Vicente, Pimenta Bueno, paulista ilustre que foi Ministro e Senador do Império. Foi depois uma propriedade, mais uma das várias e belas propriedades da família Guinle, a gente mais rica da Cidade, que enriqueceu com a exploração do Porto de Santos, que morava no Rio e sabia viver, pelo menos no tocante ao bom gosto na escolha dos locais e das construções de suas moradias. Até no Copacabana Palace residiram Guinles durante muito tempo.

Tal como o Palácio Laranjeiras, o Parque da Cidade foi desapropriado em acordo com os Guinle e posto a serviço público do Rio ou do Brasil.

Rodrigo Soldon, *Museu Histórico da Cidade do Rio de Janeiro*

O Parque ficou do Rio, é o Parque da Cidade, para ser caminhado, trilhado, passeado por qualquer um, tem uma área muito grande e, naquele

JOIAS DO RIO

tempo, quando não havia preocupação com assaltos, podia-se subir e descer trilhas intermináveis, no meio da floresta. Uma delas, dizia-se, ia dar na Vista Chinesa, mas nós nunca chegamos lá, era muita distância a subir e descer, não dava no tempo de uma matança de aula.

Numa dessas trilhas de subida, havia, como já referi, o Reservatório dos Macacos, que represava o que era o riacho dos Macacos, que desce e atravessa todo o Jardim Botânico. Abastecia de água limpa boa parte dos bairros do Jardim Botânico e do Leblon. Era proibido pular e banhar-se nele, claro, estava escrito numa placa, e a água era muito fria, não dava mesmo vontade. Está lá, ainda, imagino, não fui lá conferir, não tenho mais as pernas ágeis. E deve ter, também ainda, uma pequena participação naquele abastecimento local.

Embaixo, logo em seguida ao portal para quem entra, está a área gramada, plana, própria para os piqueniques. Ainda hoje se presta a esta utilização, com churrasqueiras disponíveis e uma frequência grande nos fins de semana. O problema ali é a falta de sombra, de árvores que protejam a gente do sol quente do Rio.

Bem, e há o Museu da Cidade, uma construção não muito grande que foi residência do Marquês e de algum Guinle. Nós não íamos frequentemente até ele, como disse, não era de muito interesse para os meninos naquela época. Está agora fechado para obras de restauração, que com certeza enriquecerá seu acervo e ressaltará a beleza e a graça da sua construção, com o alpendre do segundo andar, na frente e nos lados, sustentado por elegantes pilares de ferro.

Ao lado, já restaurada, a antiga casa dos empregados dos Guinle, ou dos escravos do Marquês, uma ampla construção de três andares, simples e bela nas proporções, com um bonito telhado de estrutura de madeira aparente, hoje dedicada a exposições de artes plásticas. Ao lado dela, uma encantadora capelinha.

Minha ligação com o Parque teve duas épocas distintas: esta primeira, da matança de aulas a que me referi, ainda nos anos quarenta, do ginasial, antes de Eliana, e a segunda, depois de casado, já no final dos cinquenta e nos sessenta, quando fomos tantas vezes, juntos, com a ousadia de Eliana, e conhecemos várias trilhas pelas quais, antes, com os colegas, não nos aventurávamos.

Eliana me abriu e alargou esta que é a mais bela dimensão da vida de hoje, o gosto dos passeios pela natureza agreste. Ela descendia dos bárbaros germânicos, habitantes da floresta negra; eu dos romanos civilizados, eminentemente urbanizados, cimentados.

A mãe dela, Dona Alice, levava-a à praia do Leblon com muita frequência, mais de uma vez por semana; a minha só me levou duas ou três vezes, sempre no Posto Seis em Copacabana. Acho que nunca mais ela mesma foi à praia. Gostava de romances e de óperas. Dona Alice amava as caminhadas e os mergulhos, o ar das matas; uma vez, já disse antes, subiu conosco, ela, eu e Eliana, o Pico da Tijuca. Só nós três, ela já devia ter mais de 50 anos, e era o tempo em que ainda não se temia assalto e violência no Rio de Janeiro.

Eliana pertenceu, na primeira mocidade, ao clube excursionista de Ricardo Menescal, fazia pequenas escaladas, e uma vez me animou, ainda namorados, nos animou, a mim e ao meu amigo Paulo Belotti, a subirmos, os três sozinhos, até o pico do Irmão Maior, no fim do Leblon, que não exige escalada, mas tem uma trilha íngreme no meio da vegetação, até a mais deslumbrante vista que até hoje apreciei (eu que nunca fui ao Pão de Açúcar), onde fizemos um piquenique preparado por ela, a trezentos metros de altitude e de ventania. Ela feliz. Nós também.

Bem mais tarde, animou-me, também, na verdade fortaleceu definitivamente a minha animação para comprarmos o sítio da Serrinha, realmente o fim da picada, que só um fusca subia, e que dava na encosta virgem do maciço de Itatiaia. Subi muito dentro daquela floresta. Acho até que corri alguns riscos graves. Entretanto, acho também que boa parte da saúde que desfruto hoje vem daquelas caminhadas solitárias de horas e horas nos confins da mata íngreme, ao lado de porcos selvagens, urutus rapidíssimas e marimbondos assassinos.

Bem, trata-se de uma verdadeira e valiosíssima joia, só que bastante fora do município do Rio.

O Parque do Flamengo

Parque do Flamengo em 1964. Imagem: Urbe Carioca

Todo mundo o conhece como Aterro do Flamengo; oficialmente se chama Brigadeiro Eduardo Gomes, mas ninguém sabe. Foi um brasileiro honrado e ilustre, um dos Dezoito do Forte, heróis revolucionários de 1922, que resolveram enfrentar a morte; foi duas vezes candidato a Presidente da República, mas ninguém se lembra mais dele e ninguém sabe que ele dá nome a um dos mais belos parques da cidade; o mais frequentado, o mais acessível, o que faz a ligação entre o Centro e a Zona Sul do Rio, o Aterro do Flamengo.

Na minha opinião de carioca, devia se chamar Parque Carlos Lacerda.

Foi o grande líder da UDN do Rio, da UDN mais radical e mais golpista, o mais competente, inteligente e brilhante inimigo da esquerda no Brasil, o mais ferrenho e combativo, depois de ter sido comunista na juventude. Foi a maior liderança dos dois golpes direitistas, de 1954 contra Getúlio e de 1964 contra Jango. Foi a figura mais forte da linha política que combati em toda a minha vida. Mas foi o primeiro Governador eleito da Guanabara, e foi reconhecidamente um bom governador. E foi no seu governo que se construiu o belíssimo Parque do Flamengo. Fez muitas outras obras importantes, como o túnel Rebouças e a estação de tratamento do Guandu, mas a joia que deixou para a Cidade foi aquele parque. Que, originariamente, seria um via expressa de ligação entre o Centro e a Zona Sul, mas acabou sendo uma das joias, se não a maior joia do Rio de Janeiro, pela sua visibilidade e sua utilidade.

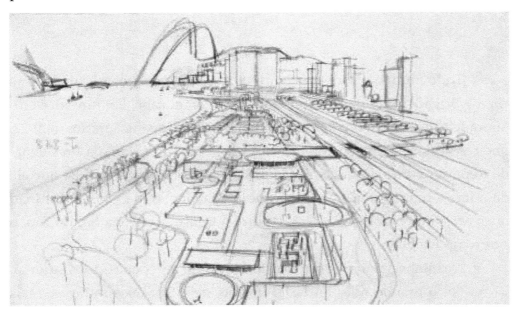

Desenho de Burle Marx para o Parque do Flamengo

Sim, deve-se reconhecer que a ideia do aterro e da via expressa era antiga, vinha do Plano Agache; que o grande arquiteto Affonso Reidy, desde jovem ajudante de Agache, foi sempre um defensor do aterro, tendo elaborado o projeto do Museu de Arte Moderna, assim como o de todos os equipamentos urbanos do Parque. Deve-se agradecer à forte personalidade da paisagista Carlota Macedo Soares, correligionária e amiga do governador, pela convincente insistência com que defendeu o alargamento da área destinada à via expressa e na construção do grande e belo Parque. Deve-se parabenizar para sempre a competência, o conhecimento da flora brasileira e a sensibilidade genial de Roberto Burle Marx pelo belíssimo projeto paisagístico com plantas e árvores de todo o Brasil; assim como se deve agradecer ao então jovem engenheiro Gilberto Paixão, caprichoso coordenador e supervisor daquelas obras.

O fato, porém, incontestável, histórico e político, é que o grande realizador foi o Governador Carlos Lacerda, e o parque devia levar o seu nome e ser assim conhecido por toda a população do Rio e do Brasil, em justa homenagem à sua figura histórica.

Do aeroporto Santos Dumont até a enseada de Botafogo, dois quilômetros, talvez três, o habitante e o visitante do Rio recebem a doação de um encanto incomparável, que combina as bênçãos da natureza e do engenho humano, para vitalizar e confortar todos os seus sentidos: a vista da verdura viva florida e variada e a brisa amena que vem do mar entrando pela barra da Baía bem em frente, guarnecida pela pedra-monumento da Cidade que é o Pão de Açúcar. O frescor, o colorido e o carinho do arvoredo e dos jardins que representam a terra brasileira; o coreto do Reidy que é

JOIAS DO RIO

uma graça ali no meio do percurso, o alarido dos pássaros que envolve o caminhante vagaroso na fruição; tudo vai mostrando muito das artes e da história do País: o Museu de Arte Moderna, o monumento aos pracinhas, homenagem aos nossos soldados mortos na Itália em luta pela democracia no mundo, os nomes deles todos ali gravados, seus restos mortais para ali transferidos, monumento de grande beleza que se afirma ao primeiro olhar, projeto dos arquitetos brasileiros Marcos Konder Netto e Helio Ribas Marino, vencedores de um concurso nacional.

Do outro lado da grande pista, a praça do Russel, onde Cabral segura a bandeira que marca a posse da nova terra num belo monumento. Ao seu lado, no canto da praça, o Memorial de Getúlio Vargas, o maior estadista da República Brasileira, com fotografias marcantes, históricas, e a Carta Testamento, que até hoje emociona os brasileiros que a leem. Ao fundo, no alto, a linda e pequena igreja de Nossa Senhora da Glória do Outeiro, compõe um quadro especialmente belo e significativo para o carioca.

O Parque vai muito além, acompanhando a orla de toda a velha praia do Flamengo até o Morro da Viúva, com o monstrengo de concreto do Flamengo, que parece que vai virar hotel, ninguém sabe de que espécie, quem sabe o maior prostíbulo do mundo.

Mas do lado do mar está o monumento a Estácio de Sá, o Fundador da Cidade, morto da batalha da fundação, despretensioso como peça artística, uma pirâmide simples com exposições no subsolo, mas relevante como marco histórico para o Rio; e logo adiante a pequena construção redonda do Museu Carmen Miranda, a musa da música e da dança de nossa gente, esvaziado no conteúdo que vai para o Museu da Imagem e do Som em Copacabana.

Os automóveis passam em velocidade na pista expressa, não importa, o caminhante nem percebe, vai fruindo o carinho e a beleza do ambiente. Percebe que as passarelas que o permitem atravessar por cima das pistas são elegantes, bem formadas, e que os postes de iluminação são bem elevados, também elegantes, feitos para alumiar o parque à noite com uma claridade suave e uniforme, de luar.

Percebe ainda que, no meio do Parque, se atravessar, do outro lado vai ter também o que admirar, na arquitetura dos prédios mais antigos da Cidade, o Edifício Seabra, esranho em suas pedras escuras, o gracioso Edifício Biarritz e suas sacadas dos anos trinta, os jardins do Palácio Guanabara, onde Getúlio passeava a refletir, o Castelinho amarelo, exemplo de outras casas na origem da avenida, a bela casa que foi Embaixada da Colômbia, o monumento a Cuauhtémoc, o grande líder azteca, no larguinho ao final do passeio.

Claro que se joga muito futebol, vôlei e tênis nas várias quadras abertas no meio do Parque; claro que se toma muito sol na faixa de areia e nos gramados espalhados em toda a área. Claro que moradores de rua dormem ali tranquilamente e assaltantes trabalham à noite: a visita depois de certa hora é realmente perigosa. Nem por isso perde a condição de joia maior da Cidade, especialmente para o morador da Zona Sul que trabalha no Centro e, diariamente, por suas vezes, atravessa o Parque e respira o encanta da travessia.

JOIAS DO RIO

Também se come bem, no Parque. Há dois restaurantes de excelente qualidade: um perto do Morro da Viúva, antes do Monumento a Estácio de Sá, para quem vem do Centro, o Rio's, com belíssima vista para a baía, com pratos reconhecidamente saborosos, onde Brizola levava convidados, ao tempo em que se chamava Porção e já era famoso; e outro na Marina da Glória, um ancoradouro de barcos chiques, na altura do Russel, com um restaurante compatível com o chiquê local, onde se costuma levar hóspedes de elevada estatura política ou econômica; onde se registrou, poucos anos atrás, que o Primeiro Ministro alemão, Helmut Kohl, encantado com o sabor da nossa deliciosa fruta indiana chamada manga, que ele não conhecia, foi pedindo e chupando sete exemplares de sobremesa, uma após outra, até se saciar, e jurar plantar mangueiras na Alemanha.

Quisera eu ter algum saber, mínimo que fosse, para falar das árvores, das flores e dos frutos do paisagismo de Burle Marx. O fruto maior é a beleza do conjunto, claro! Mas a preocupação de conhecer e cultivar a flora brasileira, e aplicar este conhecimento no paisagismo de muitos pontos do País, é verdadeiramente admirável. O Sítio Burle Marx em Guaratiba, com suas belas construções, com suas valiosas coleções de folhagens e sementes da terra brasileira, mostra um exemplo notável de vida feliz de cientista, de pesquisador, de artista, pintor, cantor, pianista, de conversador emérito, de encantador de seres humanos.

Uma vez, com Eliana, fomos de carro a Diamantina, lá nos confins do norte de Minas. Eis que, a uns 30 quilômetros daquela cidade, na estrada, havia um automóvel parado e um pessoa colhendo plantas no matagal, a uns 50 metros da estrada. Era Burle Marx.

Mariana Fialho, *Parque Madureira*

Nave do Conhecimento, Jardim Sensorial, Espaço da Terceira Idade, Arena do Samba, Jardim Botânico, são algumas denominações de partes do Parque de Madureira escolhidas para valorizá-lo, torná-lo mais atraente aos que escutam os relatos de descrição.

E não seria preciso: o Parque por si mesmo, pela sua dimensão, pela atmosfera de paz que o envolve, pelo perfume que se desprende do solo natural de Madureira, pela alegria mais espontânea e irradiante do ser humano que é a das crianças em folguedo, pelo sorriso afetuoso na face das mulheres morenas e gordas que gostam de passear e transmitem humanidade, pelo batuque de samba, sempre presente na área dividida pela Portela e a Império Serrano, por tudo isto e por muito mais, pelo "misterioso amor do povo" de Madureira, o Parque é uma das joias do Rio.

JOIAS DO RIO

E é, de longe, a joia mais recente: tem menos de dez anos.

Madureira das fortes e belas tradições do samba; Madureira do famoso Mercadão, inaugurado na reforma por Juscelino Kubitschek e crescido pela preferência do povo; Madureira que hoje tem um grande e moderno Shopping Center, com as melhores lojas da cidade; Madureira do enorme e importante Viaduto Negrão de Lima, sob o qual se realiza o maior baile popular do País, o Baile do Charme, indescritível; Madureira das linhas de transporte que ali se cruzam e se entroncam para levar o carioca a todas as regiões da Cidade; Madureira a capital dos subúrbios da Central, onde está o Madureira Esporte Clube, que disputava o campeonato carioca e não fazia feio nos anos trinta e quarenta, com o seu trio atacante Lelé, Isaías e Jair, depois comprado inteirinho pelo Vasco; Madureira da grande Assembleia de Deus que me deu tantos votos, porque o Pastor era sogro do meu amigo Aranha; Madureira onde está a sede da CUFA, a Central Única das Favelas; Madureira politizada, brizolista, socialista, aquele formidável formigueiro de gente brasileira; Madureira que sofria com o calor e não tinha um parque para respirar, para refrescar numa cascata, para flanar, amar e refletir...

Pois Madureira o ganhou.

A Zona Sul tem a praia, o imenso parque natural belo e refrescante. As Zonas Norte e Suburbana têm povo, têm votos, têm sentimentos humanos e necessidades, mas não têm mídia pra fazer opinião nem dinheiro pra comprar votos; e ficam sempre pra trás nas atenções governamentais. Qual o prefeito ou governador do Rio que morou no subúrbio ou na Zona Oeste?

Em Madureira, por exemplo?

Pois Madureira ganhou um parque à altura das suas necessidades e de suas respeitáveis tradições, obra bela do Prefeito Eduardo Paes, deve-se reconhecer e louvar; um parque a ser visitado e usufruído, que todo carioca devia conhecer e incorporar à sua ideia de Rio, junto com as tradicionais escolas de samba daquele bairro.

Lourenço Madureira era um boiadeiro, que há tempos muitos ocupava como posseiro aquelas terras na primeira metade século XIX. Quando, depois do meio do século, chegaram ali os trilhos da Central com o apito do trem, a estação local se lembrou do seu nome e o Rio inteiro o consagrou com justiça.

Quanta gente do Rio frequenta hoje o Mercado de Madureira? Quanta gente alguma vez entrou lá naquele burburinho atrás de alguma coisa boa e mais barata? Ou que não tivesse encontrada em outro lugar? Quanta gente, do Rio e de fora do Rio, alguma vez foi assistir um ensaio da Portela?

Bem, Madureira, como a Vila, "é uma cidade independente, que tira samba mas não quer tirar patente".

E que, além do samba e do mercadão, tem hoje um pedaço de sua terra capaz de dar felicidade, de alegrar corpos e almas de gente de qualquer lugar do Rio: seu belo Parque que, de tão belo e agradável, já foi aumentado, estendido até Rocha Miranda. Que, então, também ganhou seu parque.

Abro parênteses e recordo: quando eu era prefeito, a população da Barra queria se emancipar do Rio para fazer ali uma Nova Miami. Houve um plebiscito e eu, prefeito, junto com Jó Rezende, vice, fizemos campanha contra a emancipação da Barra, querendo e pensando em defender o Rio.

Ganhamos a batalha, a emancipação não foi referendada pela população. Exultei na época. E hoje, tudo bem pensado, confesso que me arrependo.

Primeiro porque os moradores da Barra, na sua maioria, realmente são muito mais parecidos com os de Miami do que com os do Rio. E a realidade deve sempre ser respeitada, muito especialmente na política.

Segundo porque a emancipação da Barra abriria uma porta e levaria, inevitavelmente, à emancipação da Zona Oeste, que acho justa e necessária.

Só a independência, a autonomia, com o prefeito morador e conhecedor da região, ligado à região, amante da região, daria à Zona Oeste a atenção permanente que ela merece.

Pensando bem, com sentimento de justiça, e mesmo com um olhar de amor e reconhecimento, Bangu, Campo Grande e Santa Cruz, que me deram a maioria arrasadora de votos para a prefeitura do Rio, constituem hoje outra cidade, com vida própria e interesses locais legítimos; e nada mais têm da velha zona rural do Rio de Janeiro, grande produtora de chuchu.

E a justa emancipação deles daria ao poder público do Rio de Janeiro mais disponibilidade para cuidar com mais carinho e atenção de toda a zona suburbana, esta sim bem carioca e bem carente, como é Madureira.

Mas, desculpem, aqui o tema é o novo Parque de Madureira.

Viva, pois, esta nova joia da Cidade. Parabéns ao Prefeito Paes que tomou a iniciativa justa. Parabéns aos madureirenses que ganharam esta nova joia e viram uma importante melhoria na sua qualidade de vida.

Uriel Malta, *Antiga Entrada da Quinta da Boa Vista*, c. 1952. Coleção Augusto Malta. Arquivo Geral da Cidade do Rio de Janeiro

Em memória do acervo do Museu Nacional, queimado pelo fogo em 2 de setembro de 2018

Parque popular de largueza, de beleza e de História, a Quinta é o espaço de lazer da família da zona norte da Cidade, que não tem a praia. Tem o arvoredo monumental, os gramados extensos e convidativos ao piquenique, o lago com barquinhos, os caminhos de passeio no desenho típico de Glaziou, o botânico francês que veio ao Brasil na segunda metade dos mil e oitocentos, apaixonou-se pela nossa exuberância natural e aqui ficou mais de trinta anos, projetando e executando a construção dos principais parques da Cidade daquele século: a Quinta, o Passeio Público e o Campo de Santana. Foi o Burle Marx do século dezenove.

O espaço é grande bastante para não se ficar amontoado nos domingos; é aprazível e ameno, tem acesso fácil e estacionamento. Tem um belo palácio numa colina, que hoje é um museu interessante, de arqueologia e biologia, e tem ainda o Jardim Zoológico do Rio, a alegria das crianças, pequenas e grandes.

Victor Frond, *Palácio Imperial da Quinta da Boa Vista,* 1858 a 1861

E mais: tem História muita: da que é contada nas escolas e da que é sabida pelos interessados. É, efetivamente, uma joia importante da cidade do Rio de Janeiro.

A História começa com a doação do casarão construído sobre a colina, com a bela vista que tinha da Baía de Guanabara, que um rico comerciante português fez a D. João, então Príncipe Regente, quando chegou com a família e a corte ao Rio de Janeiro em 1808, para não ser preso por Napoleão, que invadira Portugal.

Foi então Palácio Real, residência do Príncipe, depois Rei D. João VI, e de toda a Família Real, incluindo o Príncipe herdeiro D. Pedro e de sua esposa, D. Leopoldina, Arquiduquesa da Áustria, chegada ao Rio para se casar. Após a Independência, passou a ser Palácio Imperial, residência dos Imperadores, D. Pedro I e D. Pedro II, suas esposas, suas famílias, até a proclamação da República. Foi então local de reuniões da Assembleia que elaborou a Constituição Republicana de 1892.

Cenas e episódios marcantes dessas vidas reais e imperiais podem ainda ser evocados ao se tocarem as elevadas paredes daquele palácio: até mesmo as conversas reservadas, em alemão silencioso, entre José Bonifácio e D. Leopoldina, conspirando pela Independência. Com muita nitidez podem-se ouvir a cólera de D. Pedro e o pranto de D. Leopoldina, altercações daquela humilhação aberta e desabrida, imposta pelo sexo forte e aventureiro do Imperador, que não se avexou em dar uma casa a D. Domitila bem perto do Palácio, casa onde se instalou o principal centro de corrupção do Império. Dá para escutar o vagido primeiro do menino imperador que nascia entre aquelas paredes para reinar quarenta anos. E ali no casarão viver seus estudos e leituras, sua solidão, suas contemplações astronômicas, seus devaneios, sua relação amiga e respeitosa com a Imperatriz Teresa Cristina, seu amor secreto pela Condessa do Barral.

Tristes, sim, a maior tristeza que as paredes revelam, são as cena de violência de D. Pedro contra a Imperatriz primeira e querida dos brasileiros.

Viril, sim, nosso primeiro Imperador, bruto quando irado, alegre e boêmio com seus amigos de juventude, a turma do Chalaça; foi realmente muito injusto naqueles episódios aviltantes do seu primeiro matrimônio. Entretanto sensível, também, era bom músico, poeta, compôs o nosso belo Hino da Independência. Percebia seu tempo e compreendia sua missão, era ousado e decidido: fez a nossa Independência, abdicou aqui no momento certo e voltou a Portugal para vencer o absolutismo retrógrado de seu irmão Miguel e tornar-se rei legítimo em sua terra natal, D. Pedro IV, está lá, sobranceiro, no alto da coluna no Rocio.

Augusto Malta, *Quinta da Boa Vista (Rio de Janeiro, RJ)*. Coleção Augusto Malta. Arquivo Geral da Cidade do Rio de Janeiro

R. SATURNINO BRAGA

Muita História do Brasil, mas também muita História do mundo e da Humanidade, dentro do Museu Nacional, fundado também por D. João VI e hoje localizado na sua moradia predileta, vinculado à nossa Universidade Federal do Rio. Muita gente, como eu, considera-o o mais interessante de todos os nossos museus, pela diversidade, que contempla a História do mundo e a História da Humanidade, que mostra os nossos índios e os nossos animais. Na primeira visita, o público se impressiona mais com as múmias egípcias e os esqueletos mastodônticos. Da segunda em diante, a diversidade e a riqueza da vida vão se mostrando cada vez mais.

Não vou falar sobre o Jardim Zoológico, que é uma joia em si mesmo, uma alegria que se renova a cada visita, o encanto dos animais do Brasil e do mundo, o destaque da graça dos nossos macacos.

Assim é que posso agora passar da História do Brasil para a história pessoal da minha convivência com a Quinta da Boa Vista. Ela decorreu nos dois anos em que cursei o Centro Preparatório de Oficiais da Reserva, o CPOR, o serviço militar obrigatório que era reservado aos estudantes de nível superior.

O sacrifício de acordar em Copacabana às cinco da manhã todo sábado e domingo para estar antes das sete em São Cristóvão e fazê-lo diariamente no período das férias ia muito além da madrugada forçada, era a extinção, por dois anos, dos fins de semana de boemia, tão caros aos jovens de classe média ali reunidos. Amputação de um prazer vital e cultural, que aqueles jovens consideravam inteiramente desnecessária, pois que o Brasil não tinha inimigos e dispunha de um Exército capacitado e profissional, formado por outros jovens que tinham a vocação militar.

E, mais, a disciplina da obediência cega era uma agressão àquelas almas naturalmente libertárias; e as instruções dadas por tenentes que muitas vezes tinham nível cultural mais baixo do que eles era outra agressão.

Bem, no resumo, o CPOR era uma obrigação penosa e vazia para aqueles que tinham de se submeter a ela, por não terem deficiência física ou um pai influente que tivesse disposição para conseguir uma dispensa. Como o meu, por exemplo, e muitos outros, que nem davam abertura para falar no assunto da desobrigação.

Pois era assim naquele momento. Fui compreendendo as razões de meu pai e hoje não sou mais do jeito que era: a mente se transforma. Mas não é só pela maturação do entendimento da vida que a mudança se opera. É também pela ambivalência do sentimento humano: já ao fim daqueles dois anos de dureza, no dia mesmo do encerramento, da solenidade do recebimento da espada de oficial, na despedida dos companheiros de todo dia que não seriam mais vistos, já deu para sentir o começo da saudade que viria daqueles tempos custosos.

As marchas, os hinos, os exercícios militares, os acampamentos em Jericinó, tantos episódios frequentemente voltavam à lembrança e produziam o sentimento do passado alegre de companheirismo que não volta mais.

O burburinho do encontro diário no vestiário e a sensação de uma caracterização militar ao vestir o uniforme, a assunção de um caráter disciplinado no entrar em forma, a marcha diária até a Quinta cantando, o espírito patriótico, o conhecimento das armas, o velho fuzil Mauser desmontado, limpo e de novo montado, a metralhadora ponto trinta, a marcha acelerada, o tenente que disse, sério, que havia sujeitos "acelerados", querendo dizer celerados, risadaria contida, o subir na corda e pular obstáculos, o andar de rastro, os gestos de comunicação, a correria da maneabilidade nos gramados, o aprendizado das regras de proteção, o sentimento de uma responsabilidade militar que ia se avolumando, mesmo para a paz: *se vis pacem, para bellum.*

O sentimento militar brota naturalmente nesta lide. Não quero me referir ao laço de coleguismo que existe em toda corporação e provavelmente seja mais forte entre os que cursam juntos, em tempo integral, 24 horas por dia, uma escola militar. E que surge também entre os alunos do CPOR. Quero falar de uma sensação intuitiva, misto de responsabilidade e brio, ligada ao pertencimento a uma comunidade de luta pela pátria, que impregna os homens (não sei se as mulheres) envolvidos no enfrentamento da guerra, ou na preparação para esta luta. Signos, bandeiras, fardamentos, hinos, marchas, bandas, cornetas, todo este conjunto de gestos e símbolos induz e incrementa fortemente este sentimento. Eu vi, e não posso me esquecer, o Senador Dirceu Cardoso, um homem honrado e emotivo, ao redor dos seus sessenta anos, que não era militar e estava em traje civil, eu o vi em posição de sentido, mão direita em continência, mesmo sem quepe, vertendo lágrimas de emoção, de escorrer pelos dois lados da face séria, durante uns quatro ou cinco minutos, diante de uma tropa que levava a nossa bandeira ao som de uma banda, numa visita de um grupo de senadores à Escola Militar de Agulhas Negras.

Como não me esqueço do sentimento nas nossas marchas diárias, do quartel à Quinta, cantando *Avante Camaradas* ao tremular do nosso Pendão.

JOIAS DO RIO

Mas o tema, aqui, é outro sentimento: a Nação Brasileira, que nasceu antes do Grito do Ipiranga, nasceu em conjecturas, devaneios e conversas ali dentro daquele palácio, no ímpeto do Príncipe português, no coração da Princesa austríaca e na sabedoria do Patriarca brasileiro; cercados pela aura daquele jardim inspirador e pela beleza vasta da Baía da Guanabara, que era o mar brasileiro. É muito provável que as famílias brasileiras que ali acampam nos domingos não tenham consciência deste sentimento especial; mas algo dele deve estar no subconsciente dos que escutaram as aulas de História do Brasil na escola.

E este sentimento embutido, inconsciente, faz a estada no Parque mais bela e mais alegre: só de ver a altura e o volume das velhas árvores suscita um divagar sobre o que seria o País naqueles velhos tempos; tempos daqueles portões majestosos na entrada, por onde passavam as carruagens suntuosas e simbólicas; um divagar sobre os tempos misturado com a contemplação do dia e da hora, do agora acolhedor, da placidez dos patos no lago, do corre-corre das crianças em todos os cantos, das cenas de encantamento do amor jovem dos namorados e do maduro agrado dos casados, da vida dos cariocas naquela amenidade histórica.

Os morros monumentais

Antônio Caetano da Costa Ribeiro, *Alto do Corcovado*, c. 1914. Biblioteca Nacional

Não há referência ao Rio de Janeiro, para visitação, sem menção ou imagem de pelo menos um dos dois morros que compõem o retrato mundial da Cidade: o Pão de Açúcar e o Corcovado. Certamente os mesmos que deslumbraram Villegagnon e seus calvinistas na decisão de aqui implantarem a França Antártica em 1550.

Certamente.

E continuam como as duas principais referências de uma orografia urbanizada única no mundo, que faz a Cidade do Rio naturalmente maravilhosa. Isso: naturalmente maravilhosa.

O Pão de Açúcar ganhou um acesso ao topo por teleférico desde 1913 (um dos primeiros do mundo), fruto de um delírio do engenheiro Augusto Ferreira Ramos que, visitando a grande exposição de 1908 na

Antônio Caetano da Costa Ribeiro, *Caminho aereo Pão d'Assucar*, c. 1914. Biblioteca Nacional

Urca, teve a visão grandiosa e conseguiu convencer dois importantes empresários do Rio, Eduardo Guinle e Raimundo Castro Maia, a investirem na sua ideia delirante.

A ideia ganhou a materialidade do dinheiro e virou proeza, que contou com o trabalho de dezenas de extraordinários operários escaladores, cujos nomes heroicos infelizmente não encontrei, que subiam pelo costão liso, levando peças, ferramentas e equipamentos, em inúmeras e temerárias escaladas, apoiadas em pinos por eles mesmos cravados na pedra, e que estão lá até hoje.

E quatro anos depois do lampejo de Ferreira Ramos, inaugurou-se o primeiro trecho, até o morro da Urca, e, no ano seguinte, em 1913, o trecho final, muito mais alto, até o topo, a grande visão da Guanabara, do Rio, de Niterói e do Atlântico Sul. Ao que parece, Ferreira Ramos conseguia, nos dias claros, enxergar as palmeiras da costa da África.

Antônio Caetano da Costa Ribeiro, *Caminho aereo Pão d'Assucar*, c. 1914. Biblioteca Nacional

E o Corcovado tornou-se o pedestal natural de uma das consensuais maravilhas do mundo de hoje, que é a gigantesca imagem do Cristo Redentor, de braços abertos para a entrada da Guanabara, como a acolher

JOIAS DO RIO

Alberto Henschel, *Vista do Jardim Botânico e Morro do Corcovado*, c. 1875.
Biblioteca Nacional

abençoadamente os visitantes que chegam. Projeto do arquiteto francês Paul Landowski, executado em cinco anos sob a direção do engenheiro brasileiro Heitor da Silva Costa, foi inaugurado em 1931, com uma emocionante iluminação acionada em Roma pelo Papa Pio XI, por ondas de rádio de uma engenharia projetada e executada pelo grande Guilhelmo Marconi.

E não são os únicos, estes dois marcos fundamentais: a Pedra da Gávea e os Dois Irmãos são símbolos emocionantes da paisagem da Zona Sul; a Pedra Bonita é de onde saltam as asas deltas e os voadores da Cidade; o Morro da Babilônia durante muito tempo dividiu a Zona Sul do Centro. O Pico da Tijuca e o Bico do Papagaio são dois emblemas de altitude, ultrapassados só pela Pedra Branca, o ponto mais alto, já em outro maciço, na Zona Oeste, que deveria pertencer a outro município.

Enfim, a paisagem do Rio é toda ela emoldurada pelo recorte fino das suas montanhas sonhadoras. Embaixo, na obra de Deus, era muita lagoa e mangue hoje aterrados; era muito mosquito e muita febre, hoje controlados. Era uma topografia muito ingrata para urbanizar e para residir, túnel daqui, túnel dali, enchentes terríveis nas tempestades tropicais. Talvez tenha sido esta a razão pela qual os portugueses, engenheiros sempre muito práticos e competentes, não tenham tido a iniciativa de logo ocupar aquela formosa baía-rio, ou baía-mar dos indígenas, só o fazendo depois que tiveram de expulsar os franceses visionários que aqui se instalaram.

Jorge Kfuri, *Pão de Açúcar, Rio de Janeiro*, c. 1918. Biblioteca Nacional

JOIAS DO RIO

Phototypia A. Ribeiro; Maison Chic, *Praia do annel e Pão d'Assucar* (1912?). Biblioteca Nacional

O fato é que quando se fala em maravilha urbana, se pensa logo na paisagem do Rio, nas suas montanhas encadeadas, com a mata subindo pelas encostas. Quem chega pelo mar vê o conjunto e enxerga o perfil de um gigante adormecido.

Eu não vi a Máquina do Mundo, como o Gama na África, guiado pela fada, e como Drumond em Minas pedregosa ao som dos seus sapatos, que era pausado e seco, mas vi, sim, vi a ereção dos morros da minha Cidade: o olhar fixo na tarde brisosa, o olhar fixo e cismador, fixo e visionário, e a brisa sonhadora na varanda, aquela brandura especiosa abre horizontes nunca divisados e eu fui vendo, a paisagem se erigindo, a orografia se moldando devagar, se elevando ainda em magma, ainda em rubro que logo se volvia em cinza de pedra e verde de arvoredo, um milagre, eu vi na tarde da varanda e não posso nunca me esquecer, havia um som irreprodutível, o som do mundo, o som do cosmo, e logo o som do prana indescritível da atmosfera pura que ainda hoje vige.

Bem, eu vi. E atesto que esses morros surgiram não de um estrondo tectônico, mas de um movimento brando e sonoroso das entranhas do planeta. Daí a unicidade, a incomparabilidade, a maravilhosidade.

Falo do Rio de Janeiro, claro.

Antônio Caetano da Costa Ribeiro, *Botafogo, Corcovado*, c. 1914. Biblioteca Nacional

Alameda nas redes sociais:

Site: www.alamedaeditorial.com.br
Facebook.com/alamedaeditorial/
Twitter.com/editoraalameda
Instagram.com/editora_alameda/

Esta obra foi impressa em São Paulo na primavera de 2018. No texto foi utilizada a fonte Palatino Linotype em corpo 11,5 e entrelinha de 18 pontos.